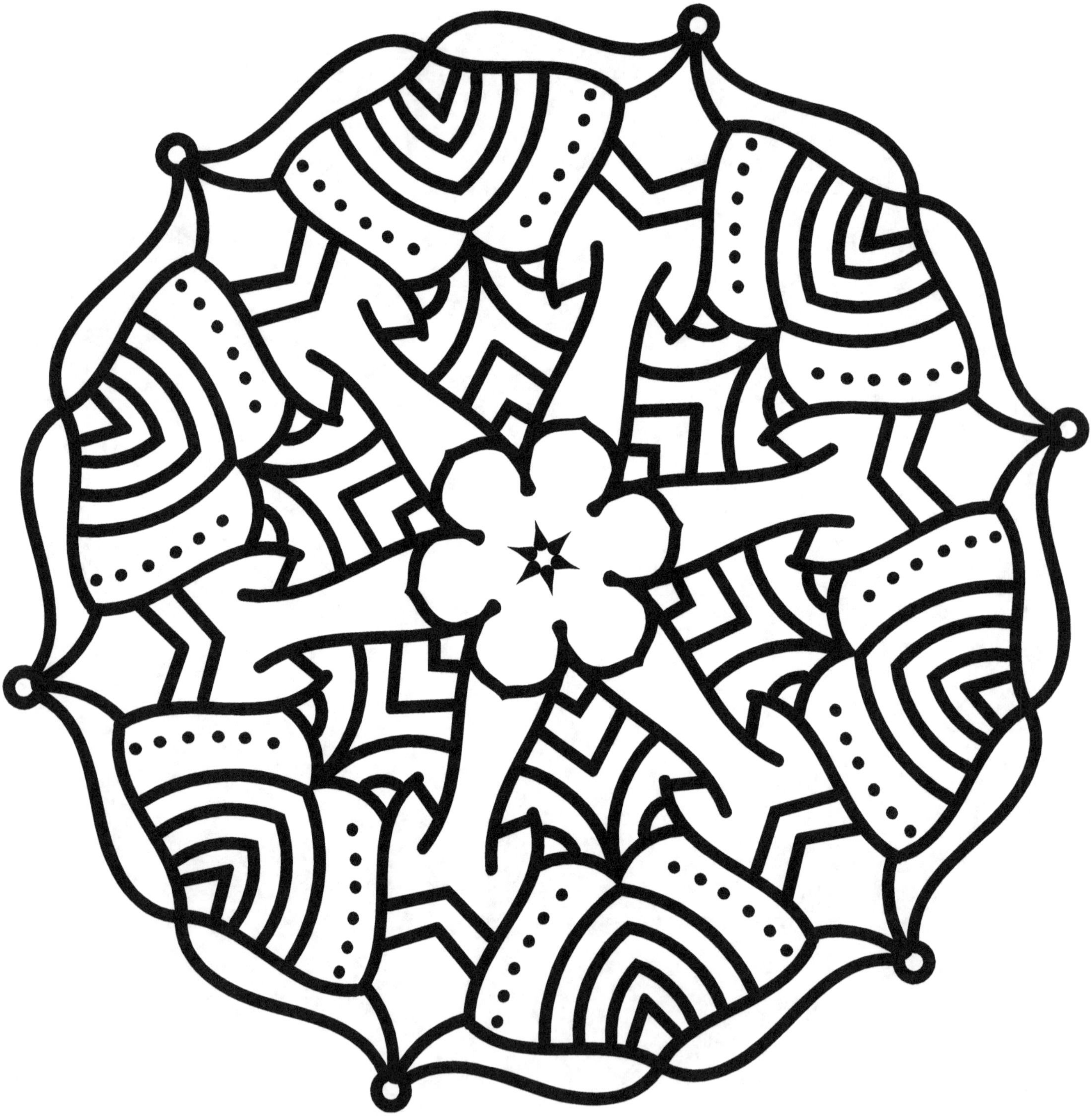

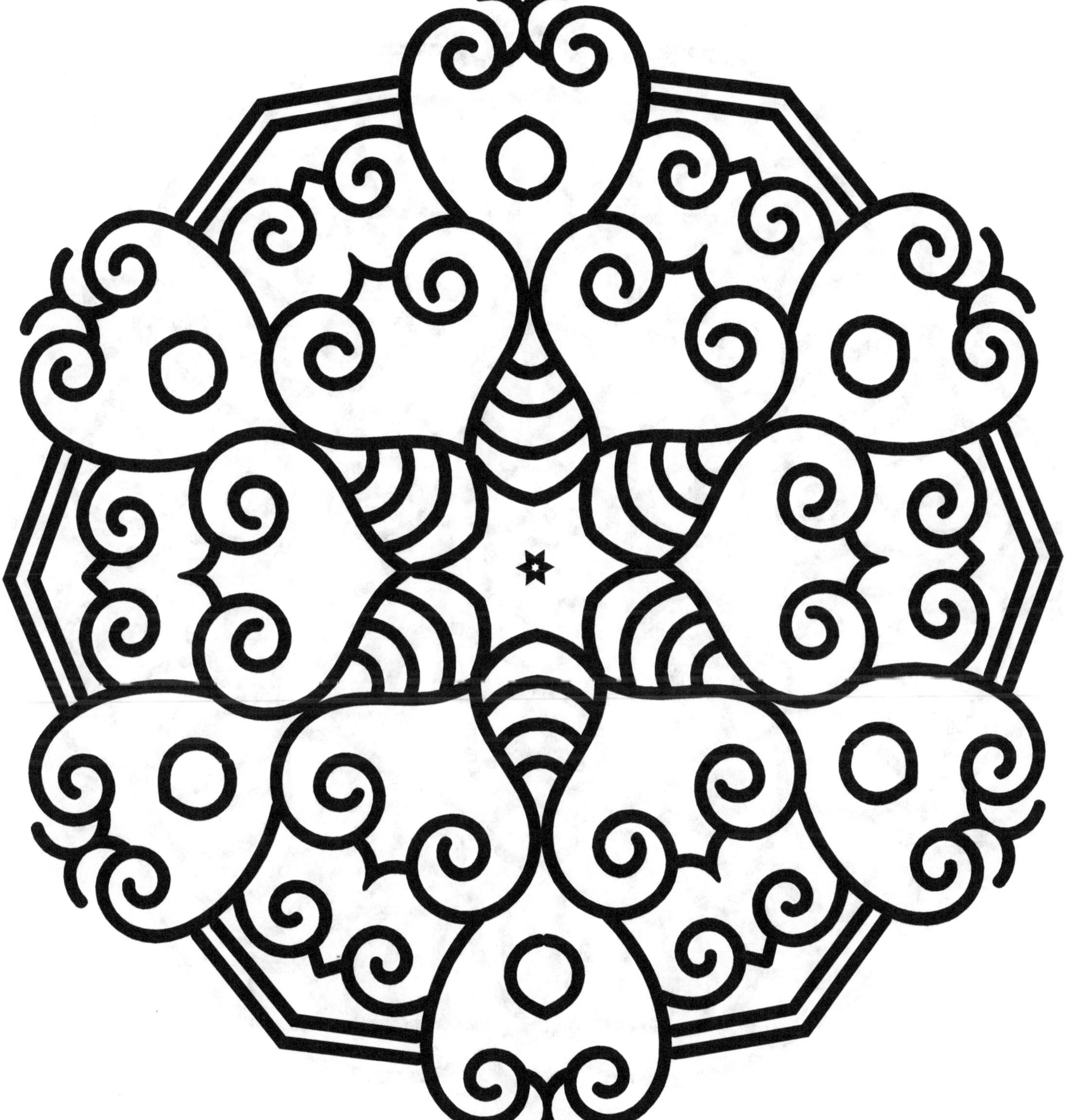

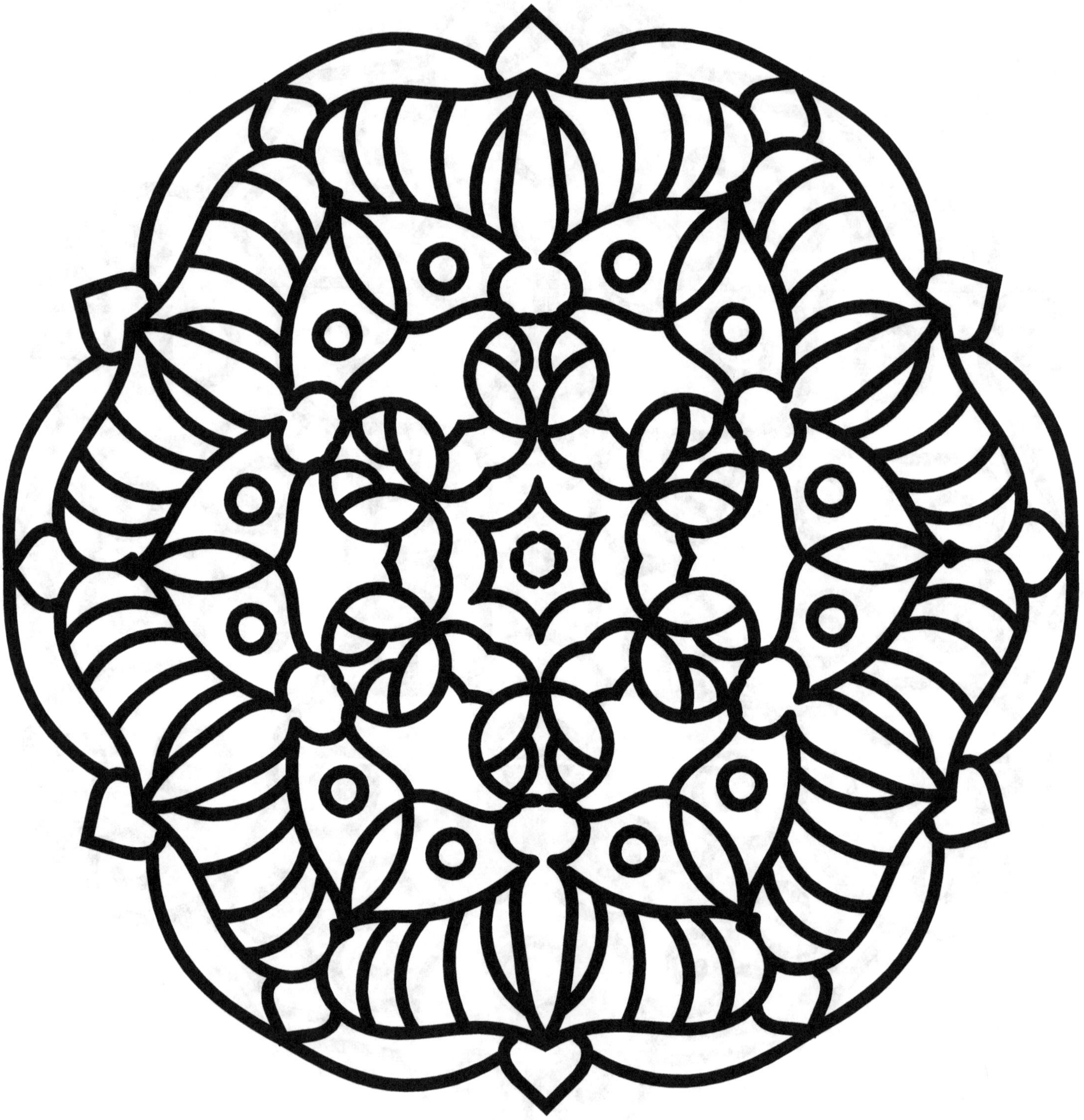

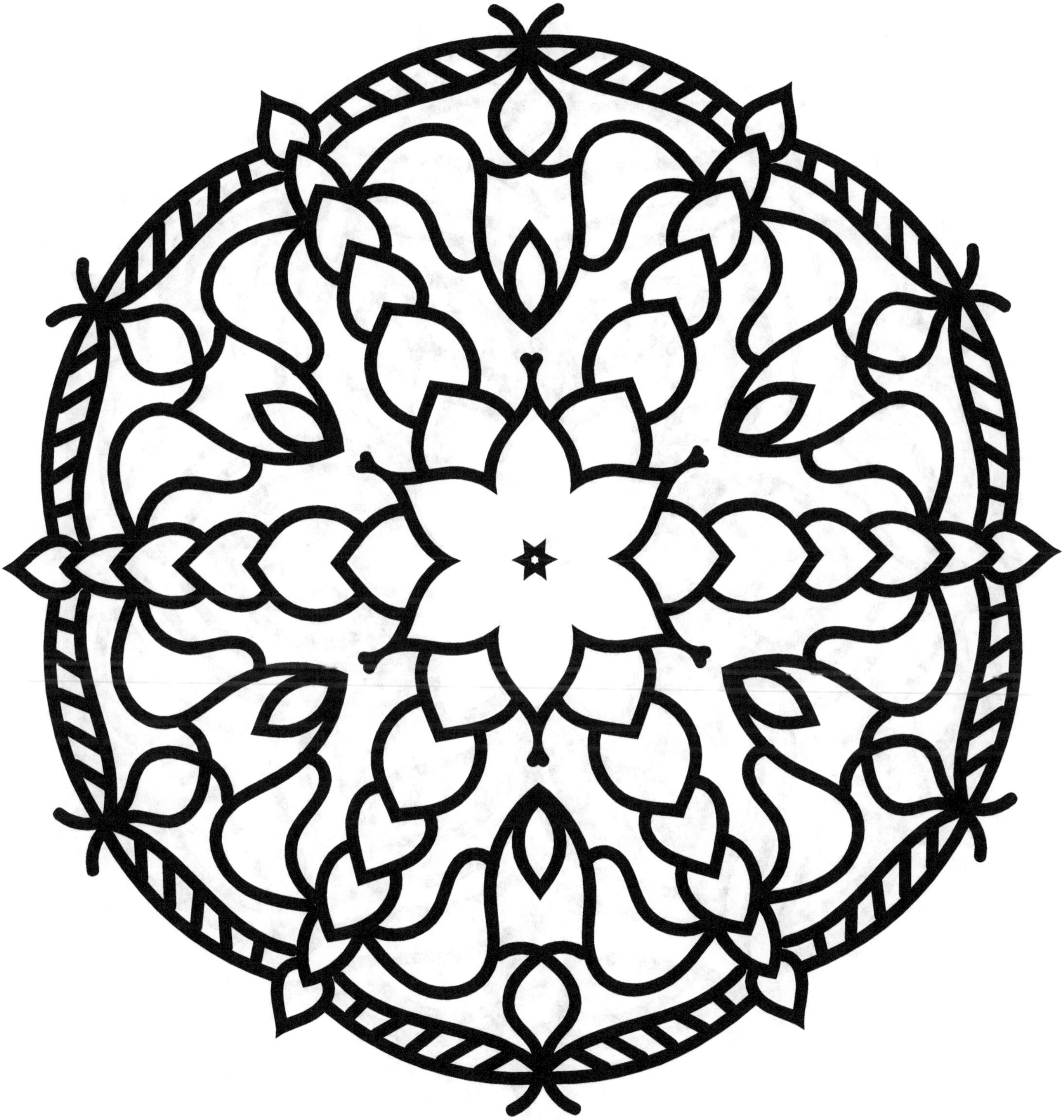

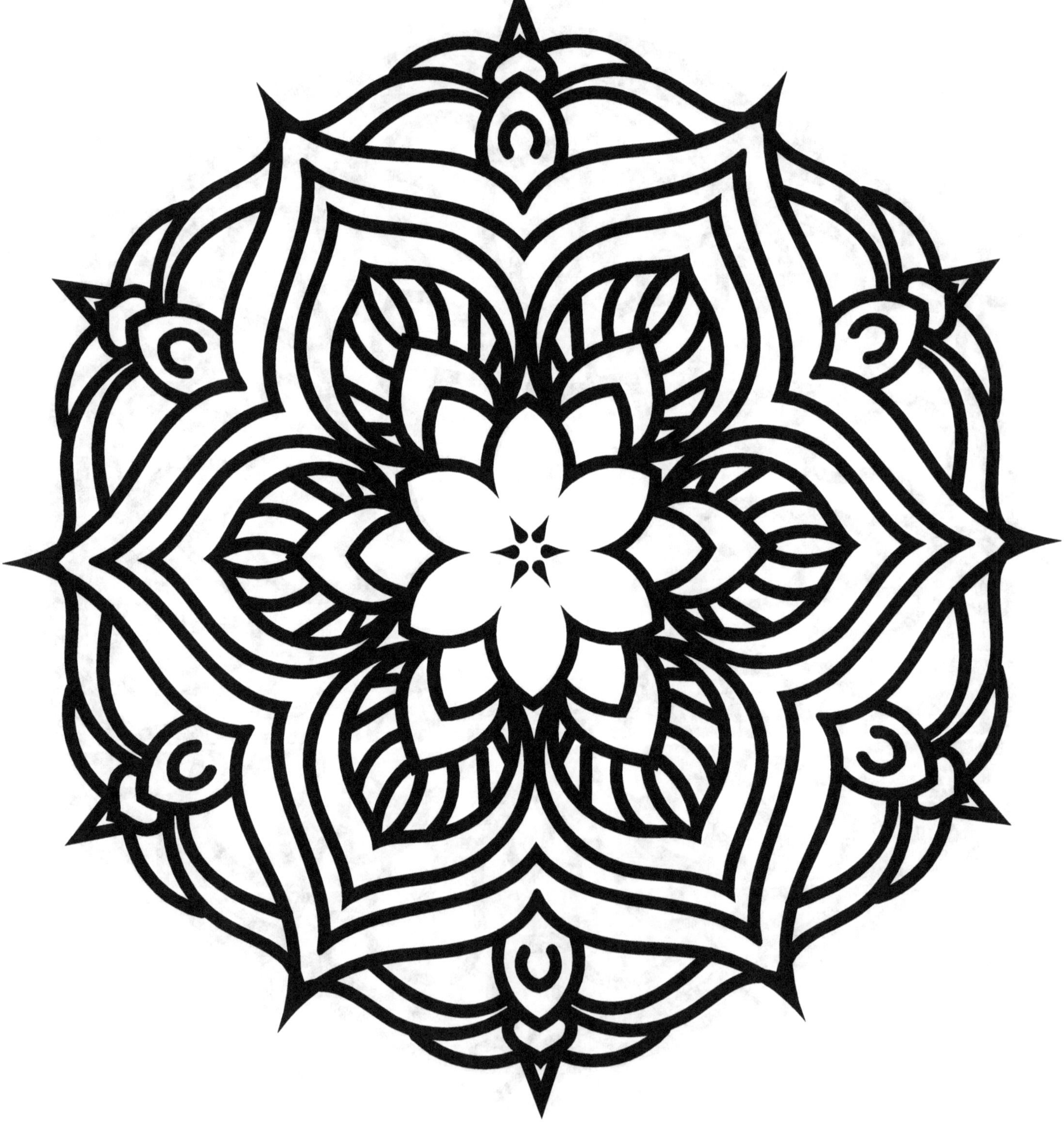

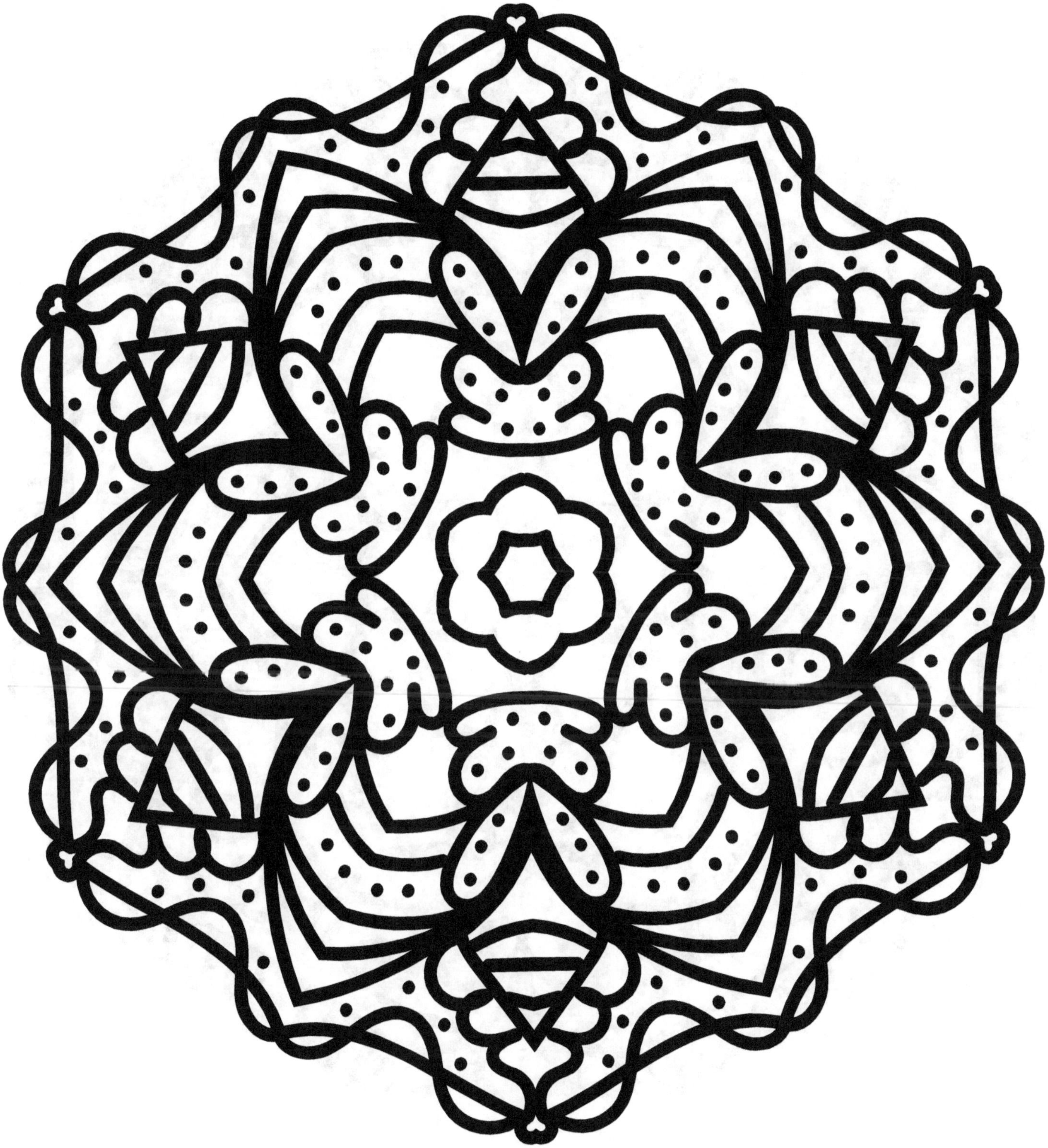

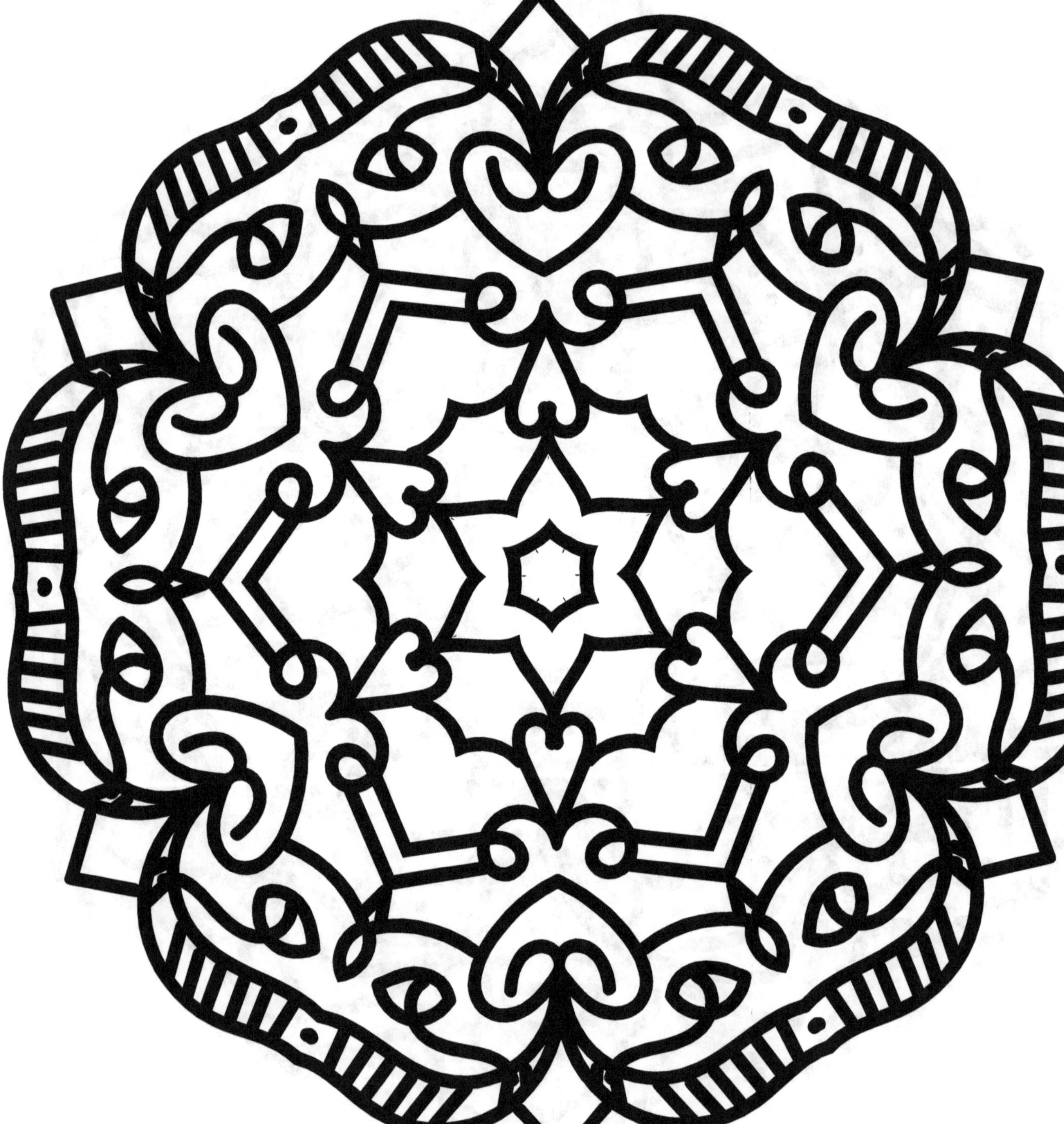

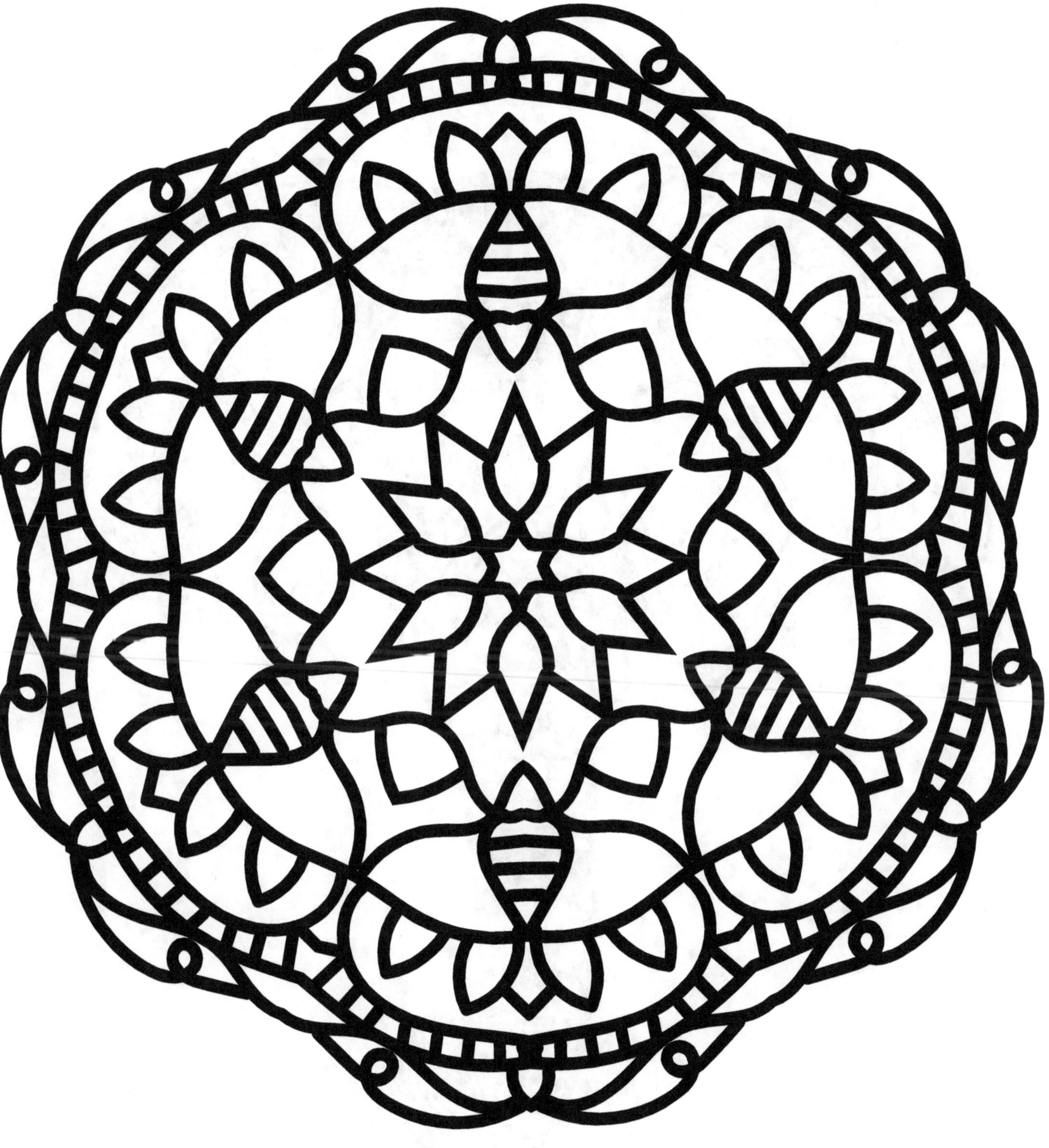

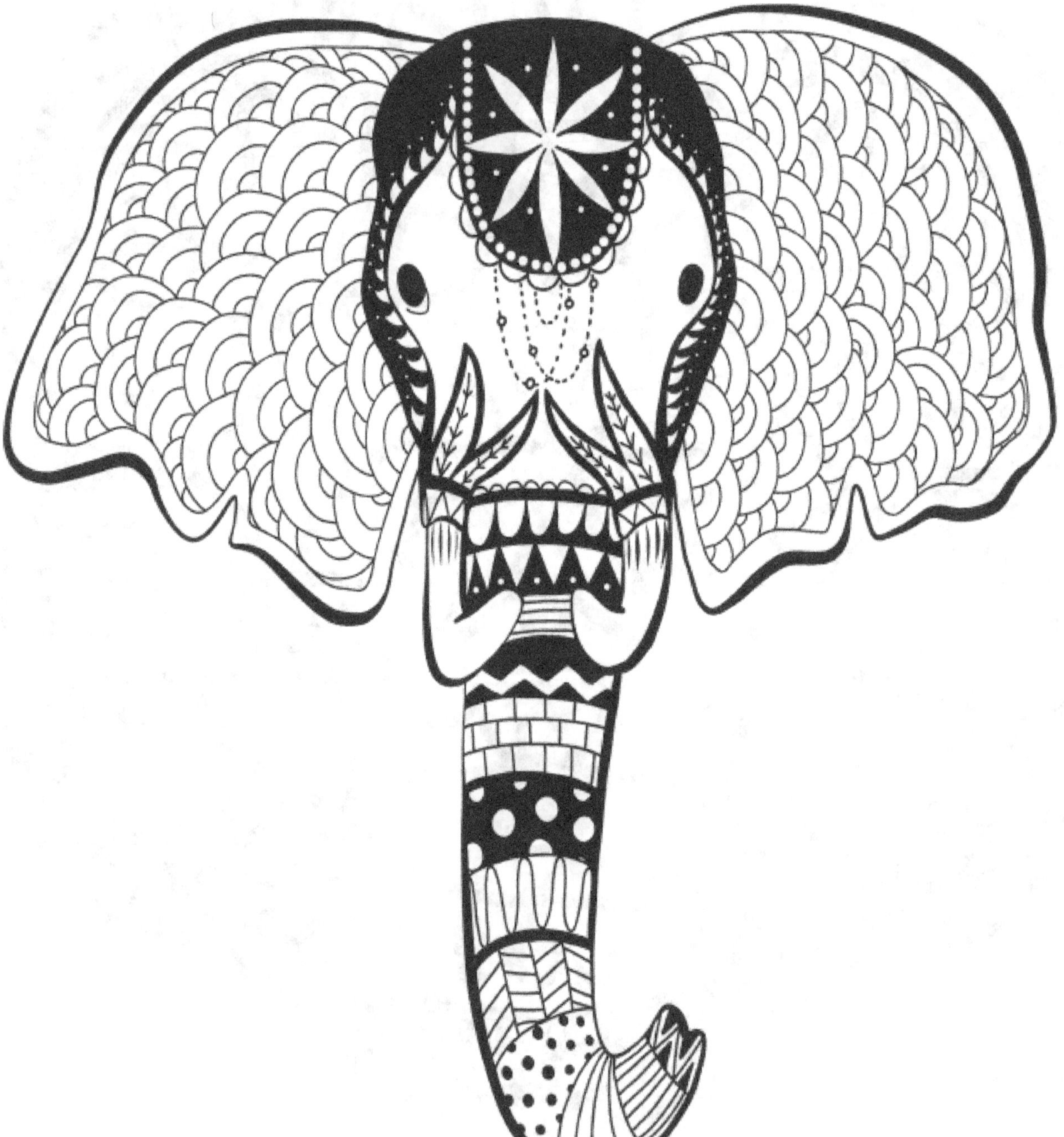

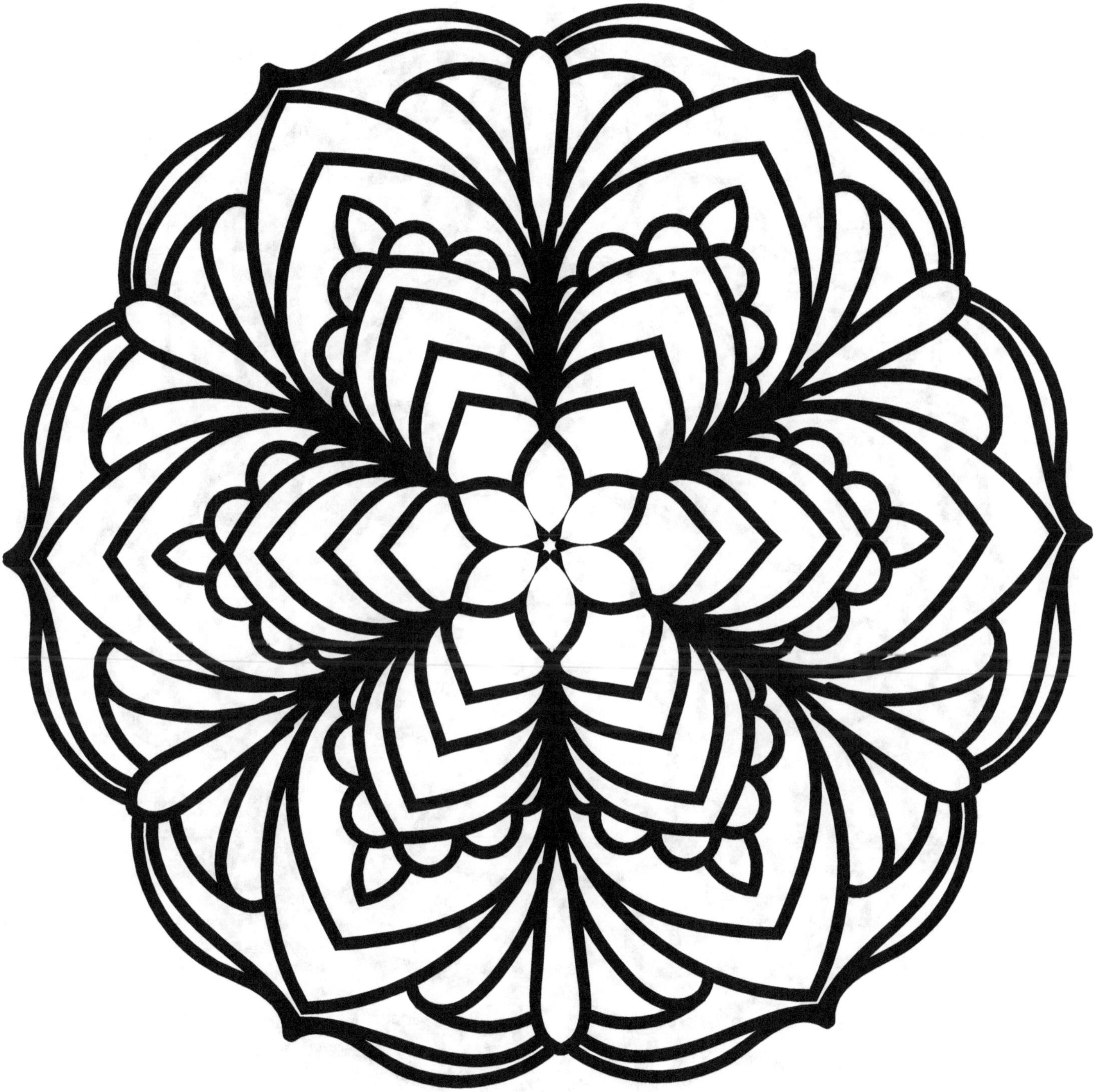

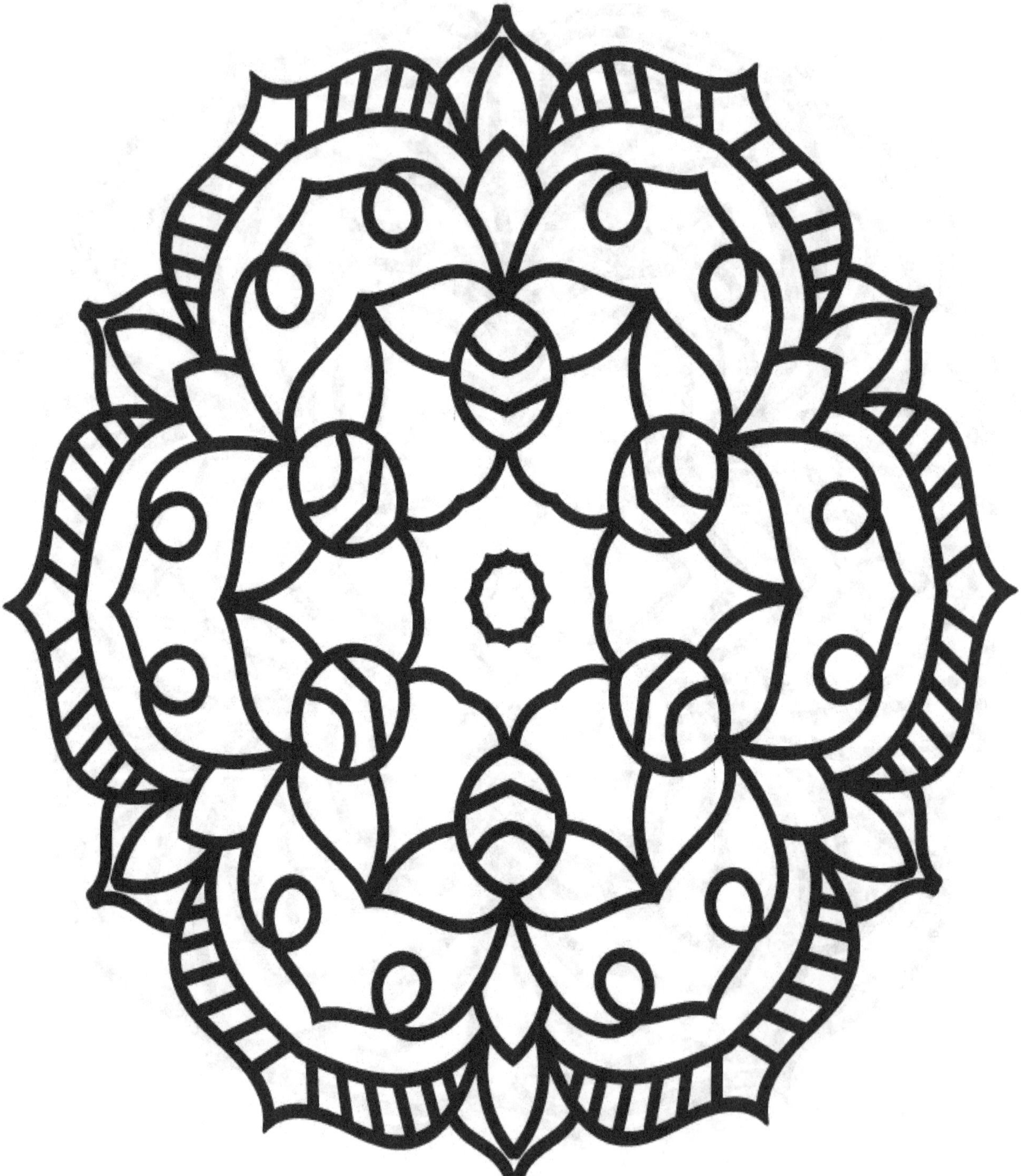

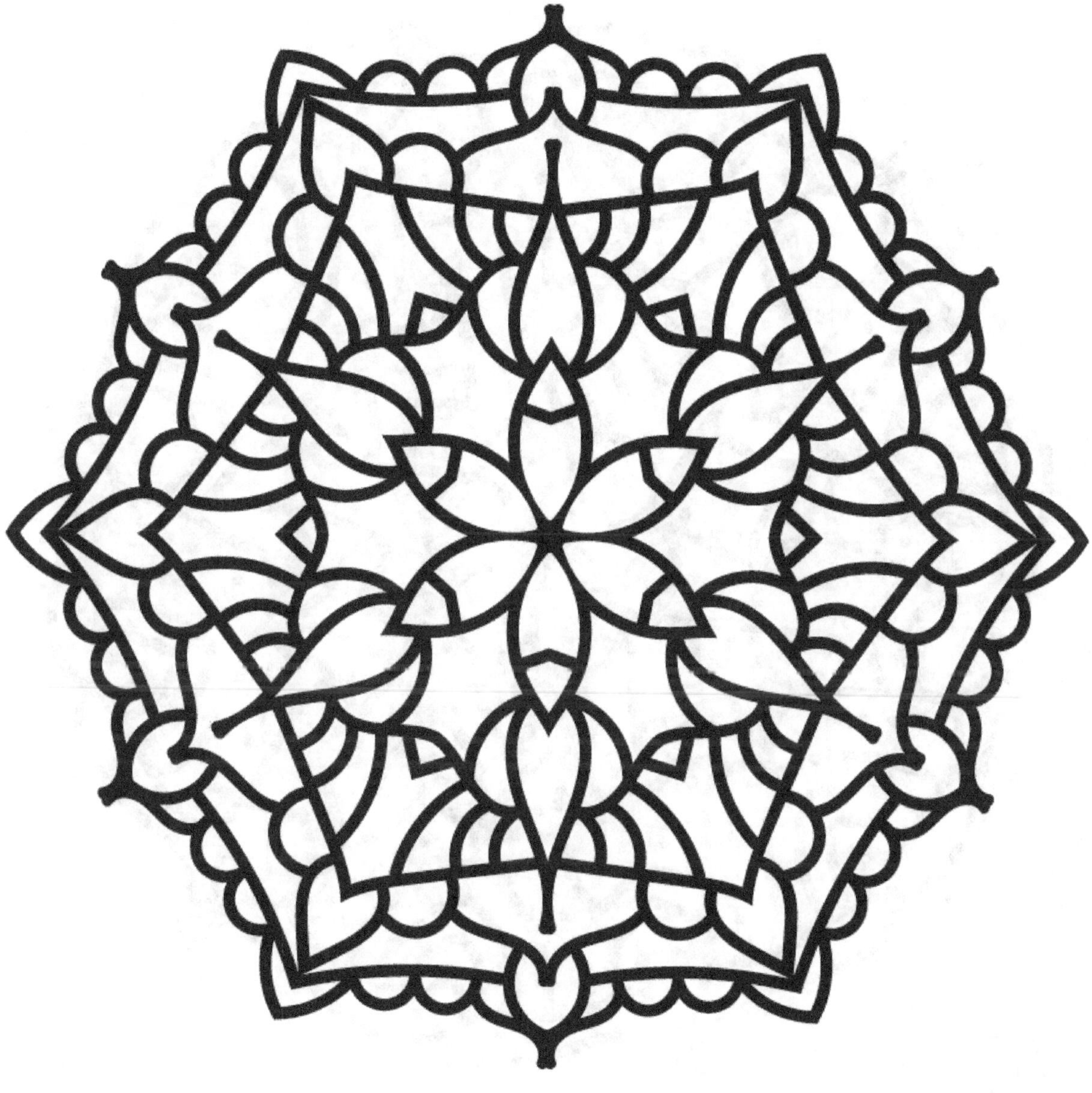

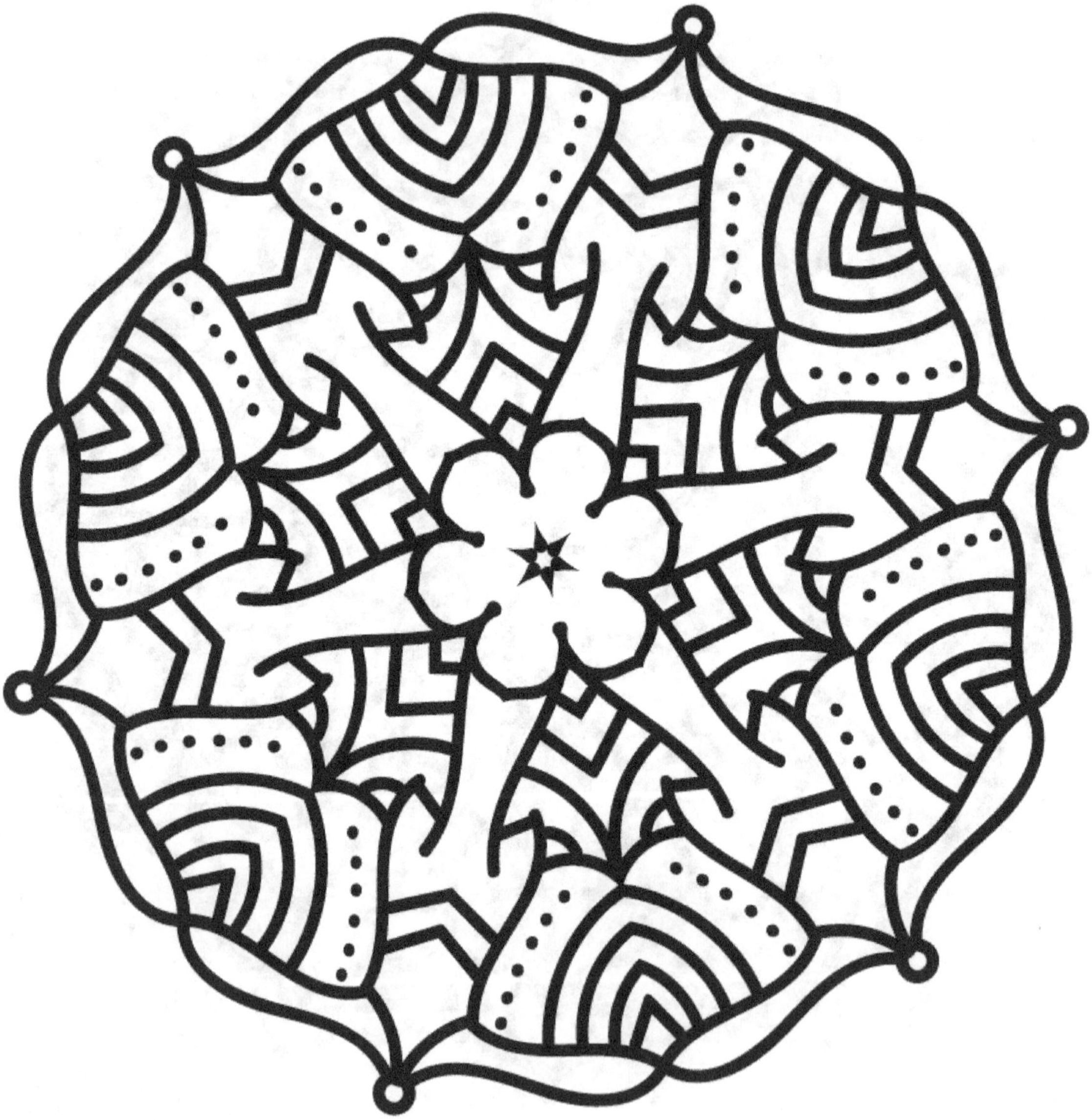

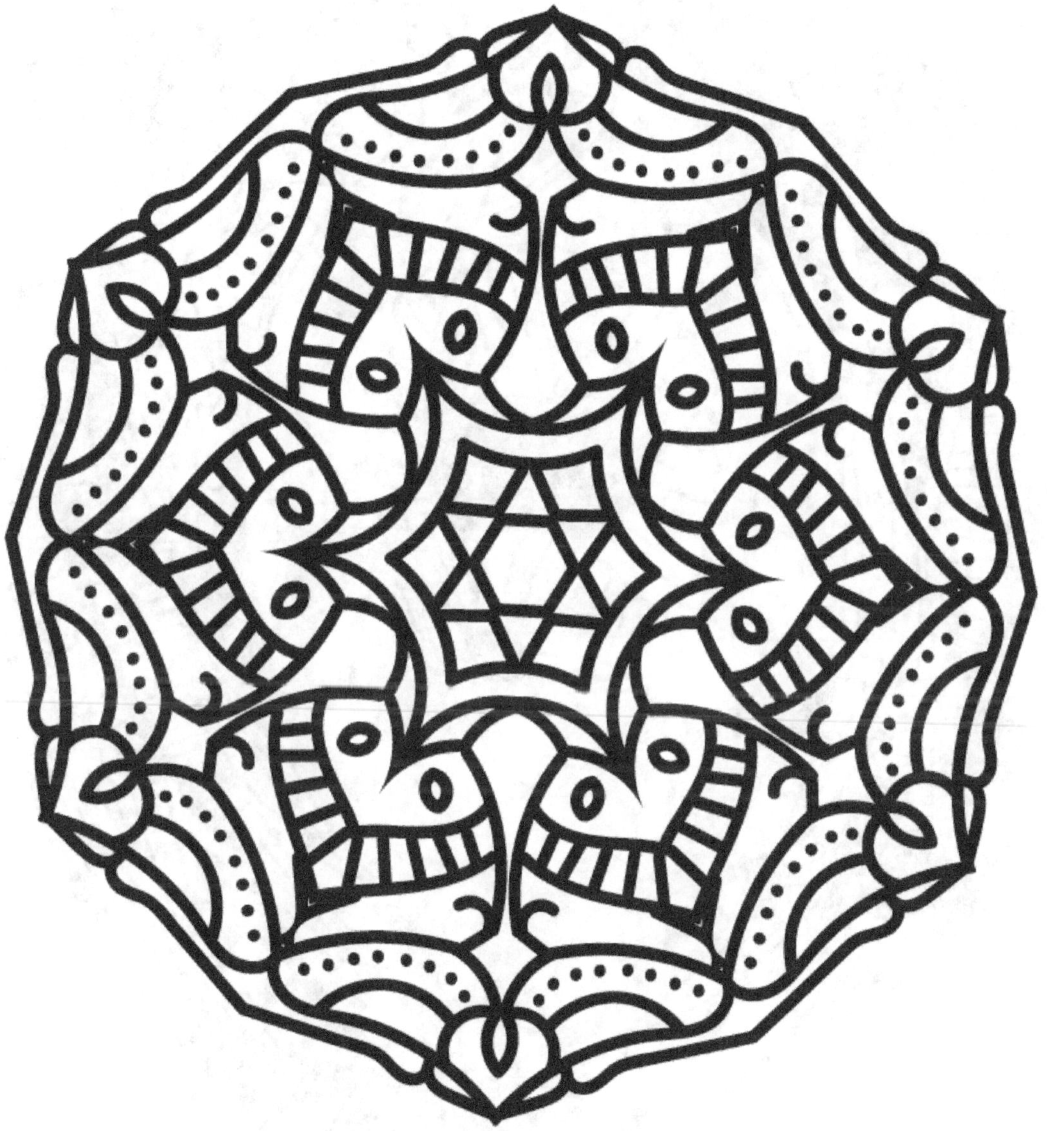

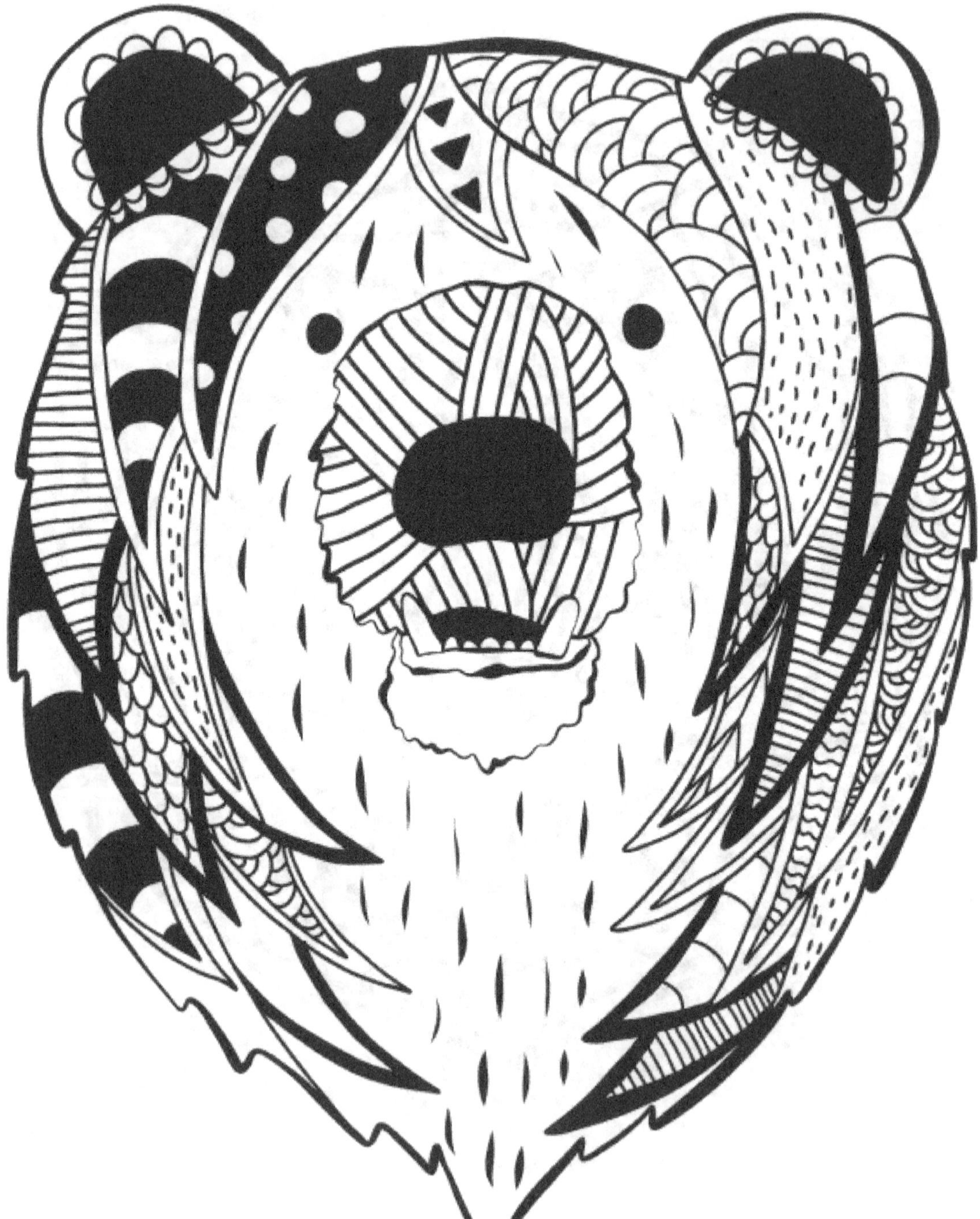

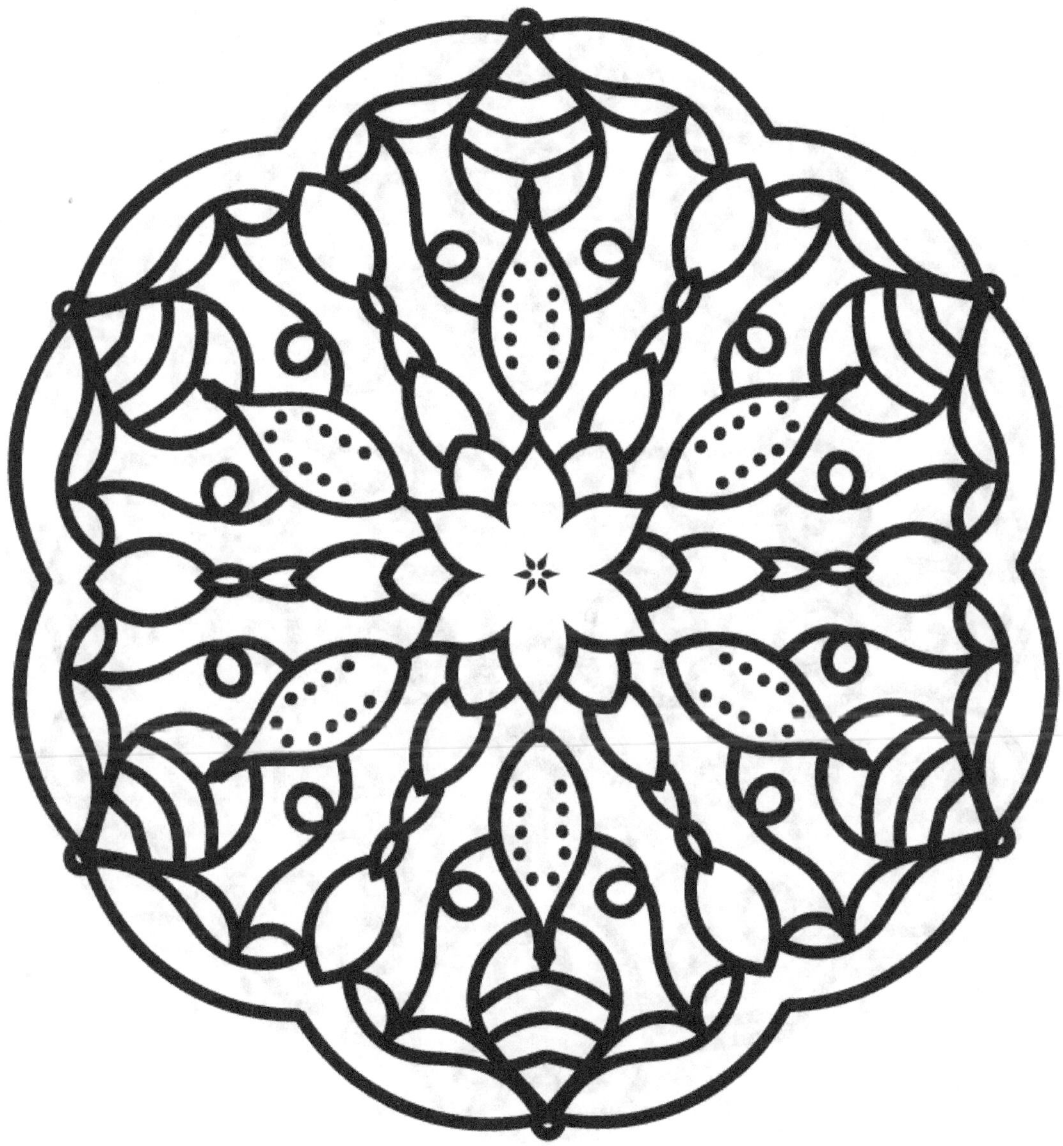

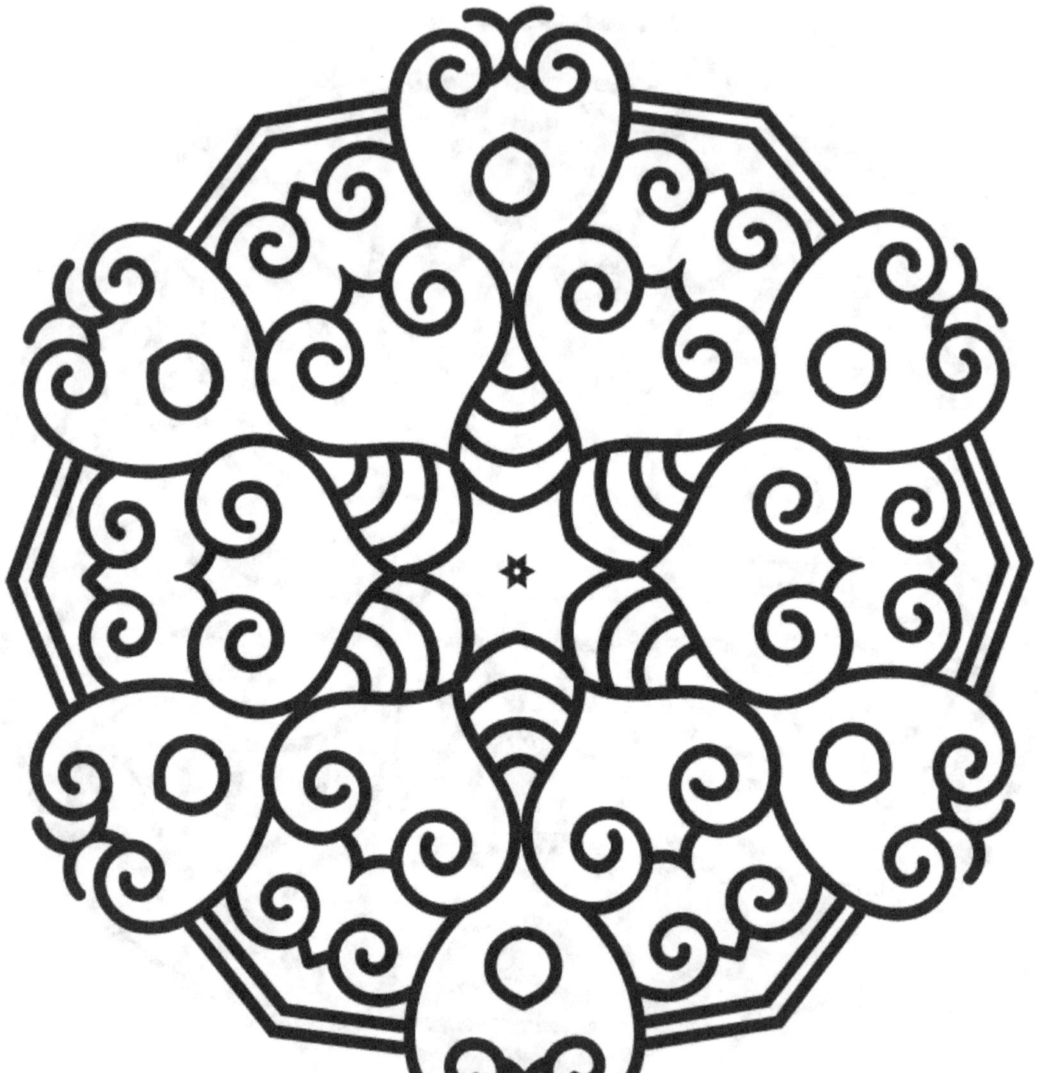

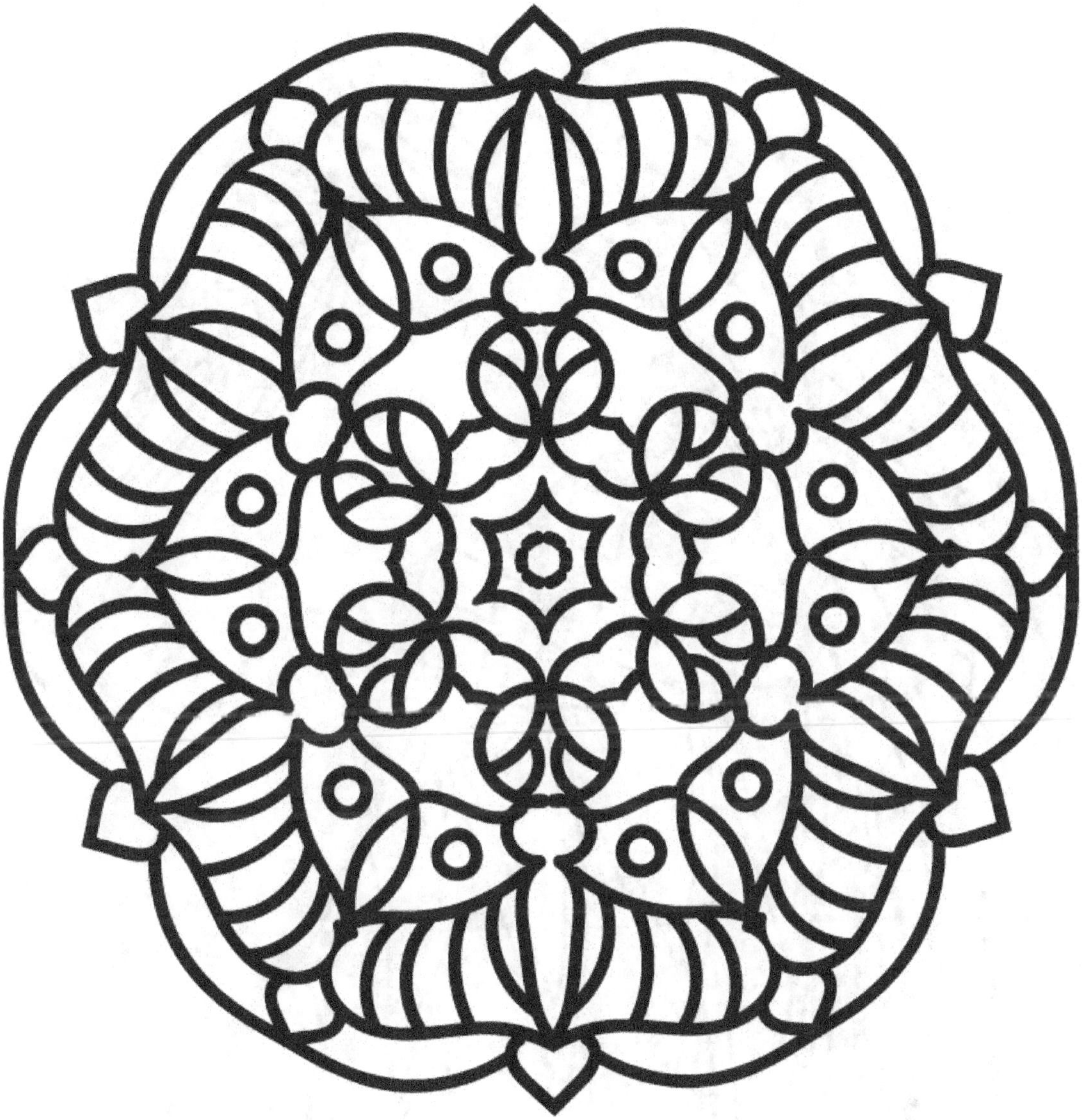

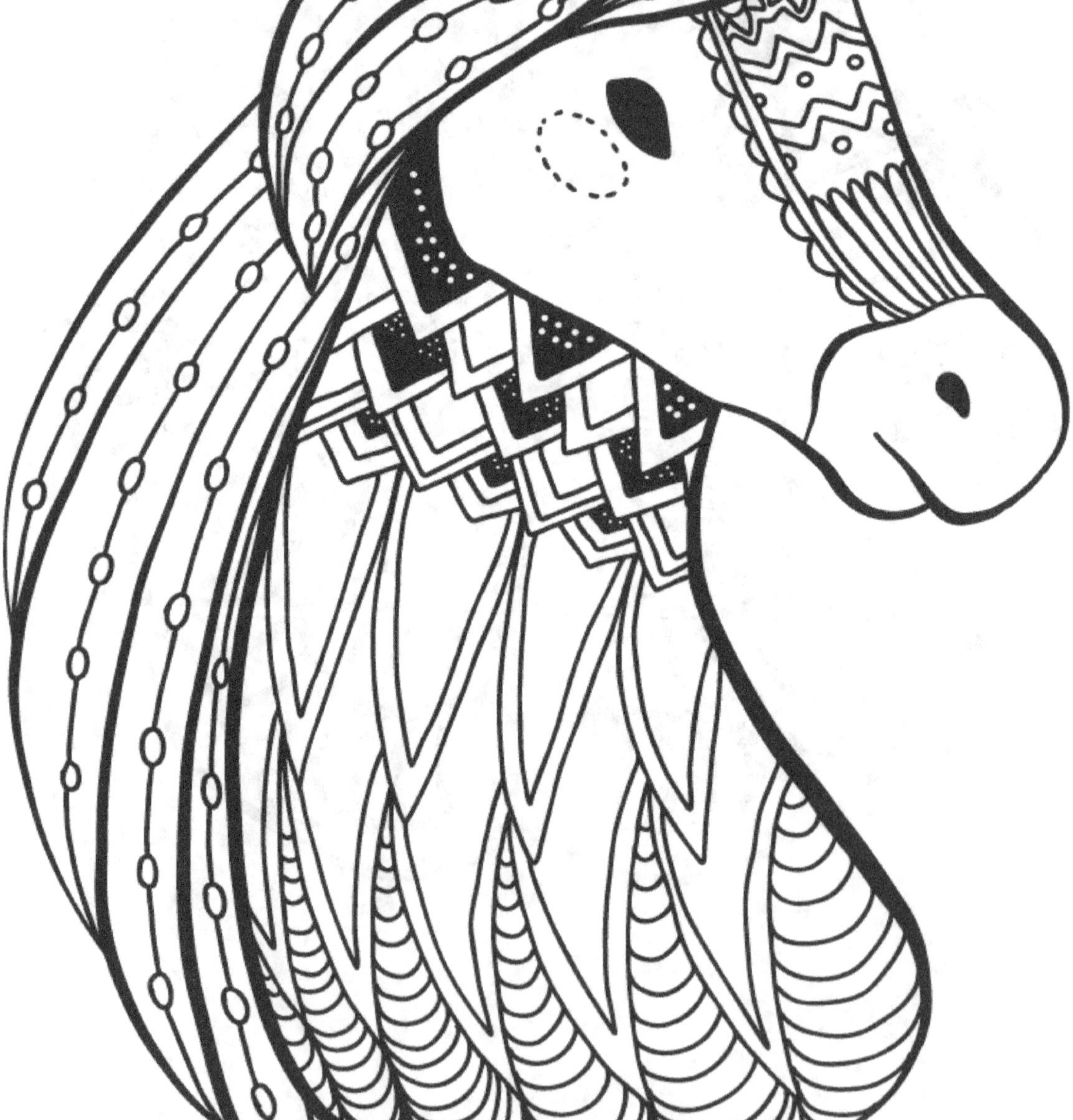

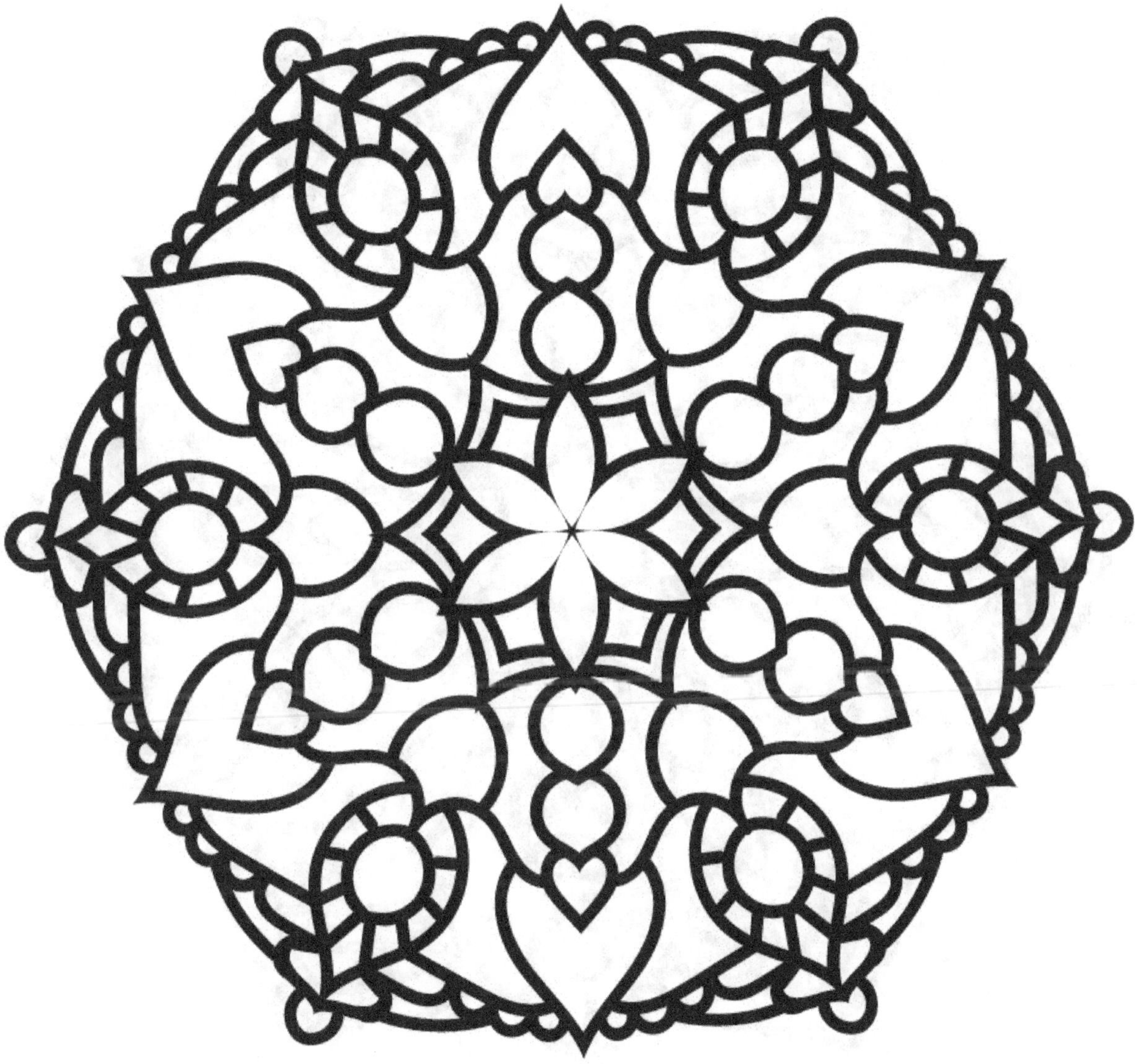

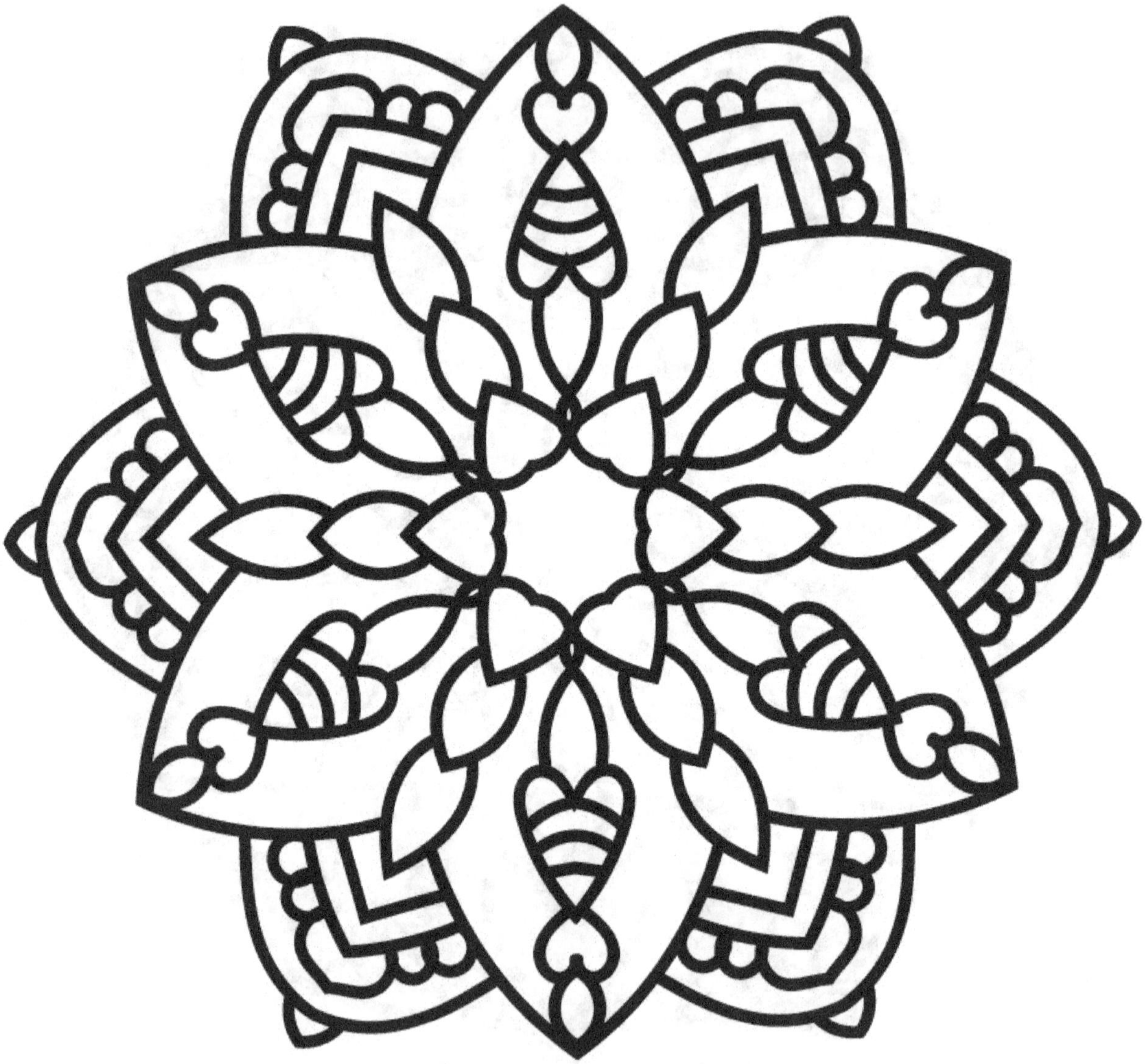

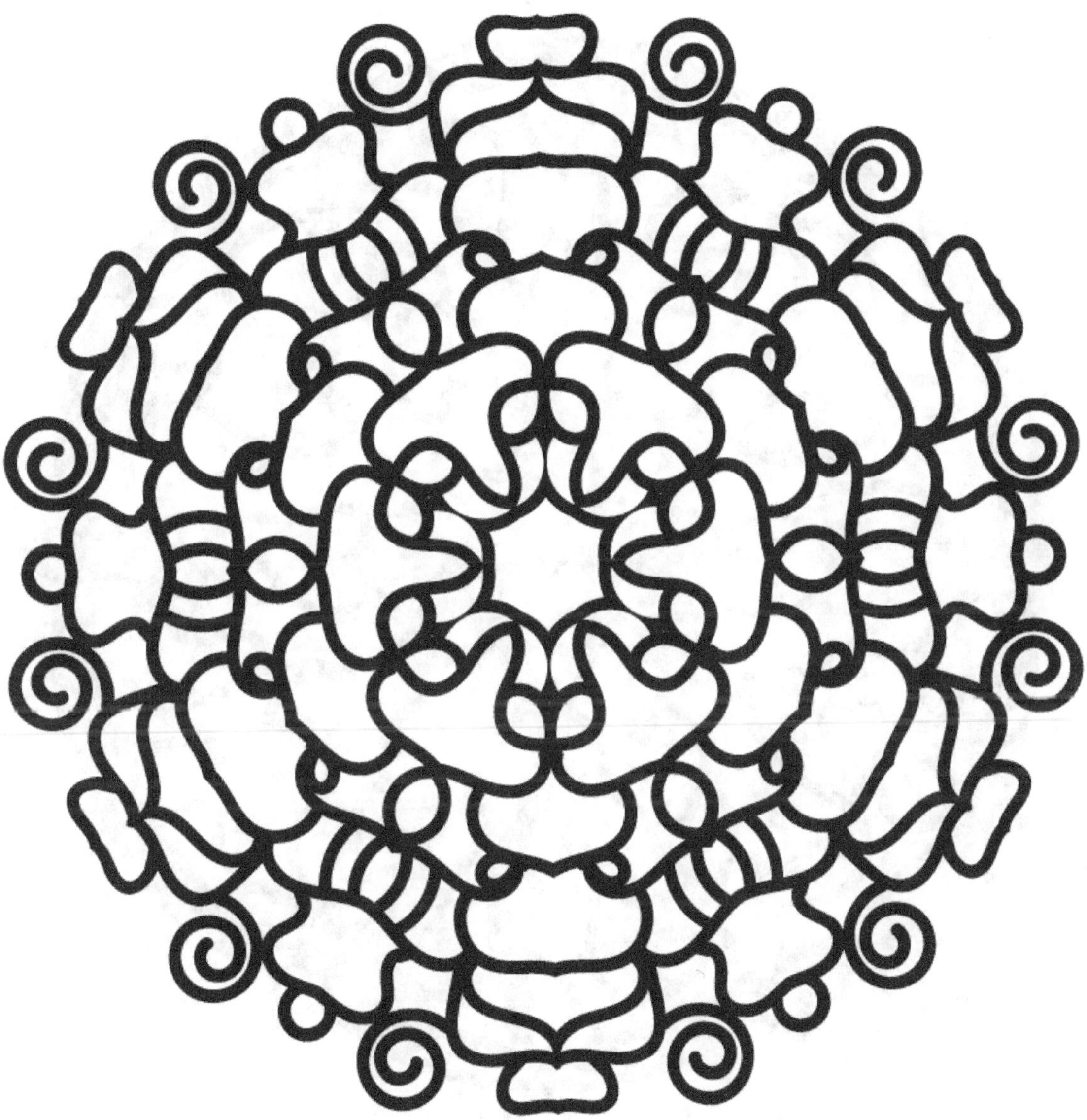

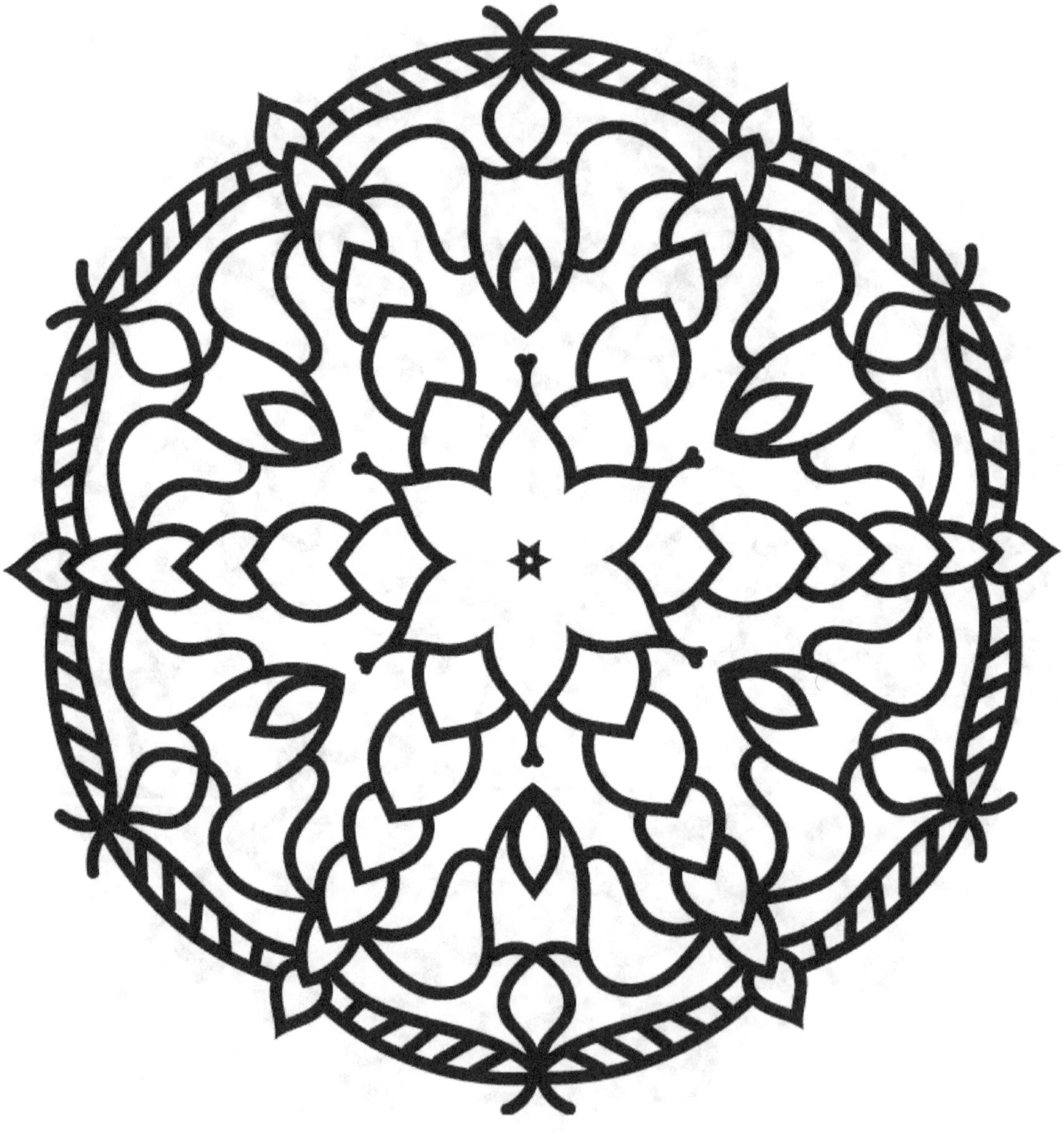

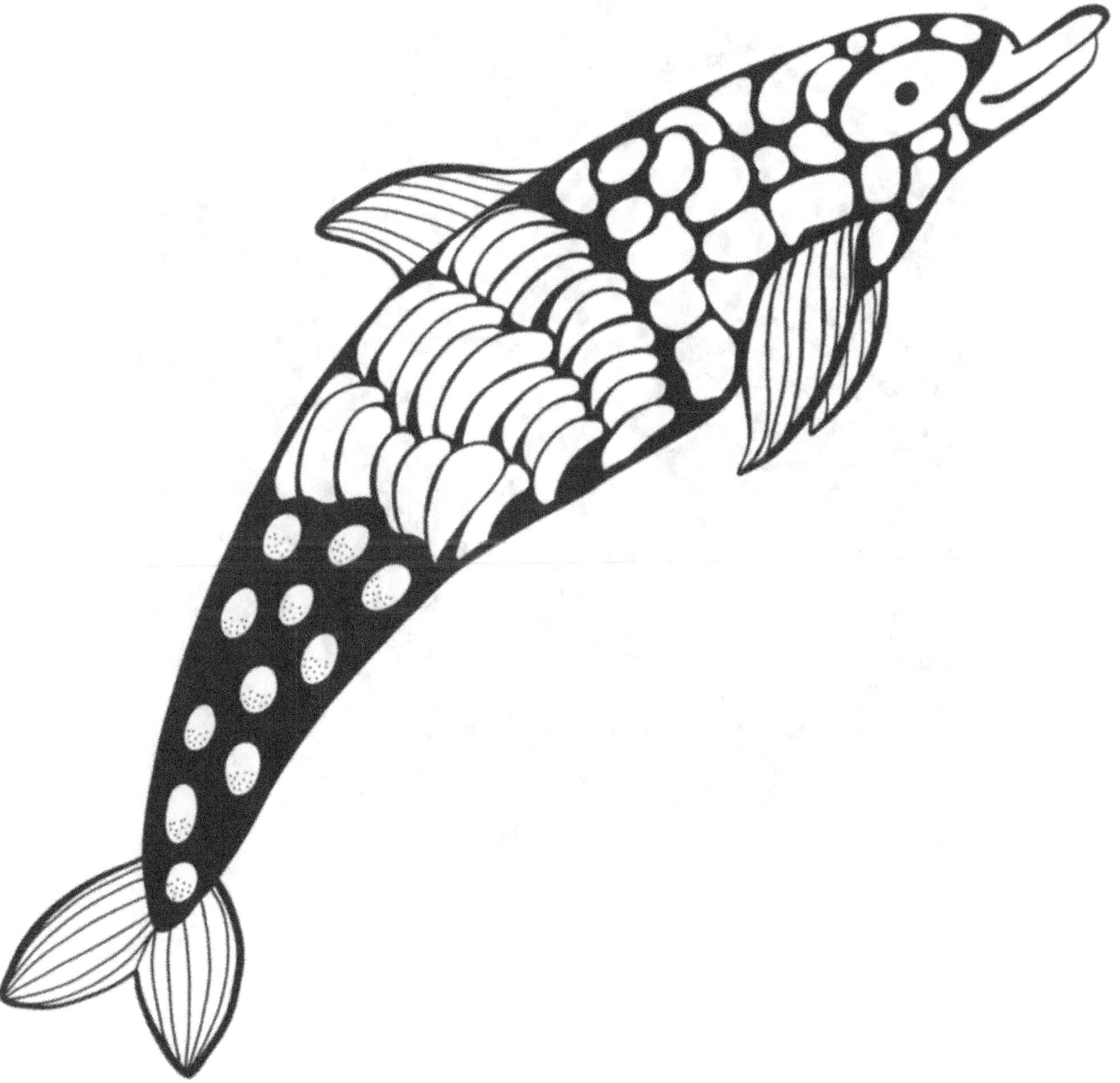

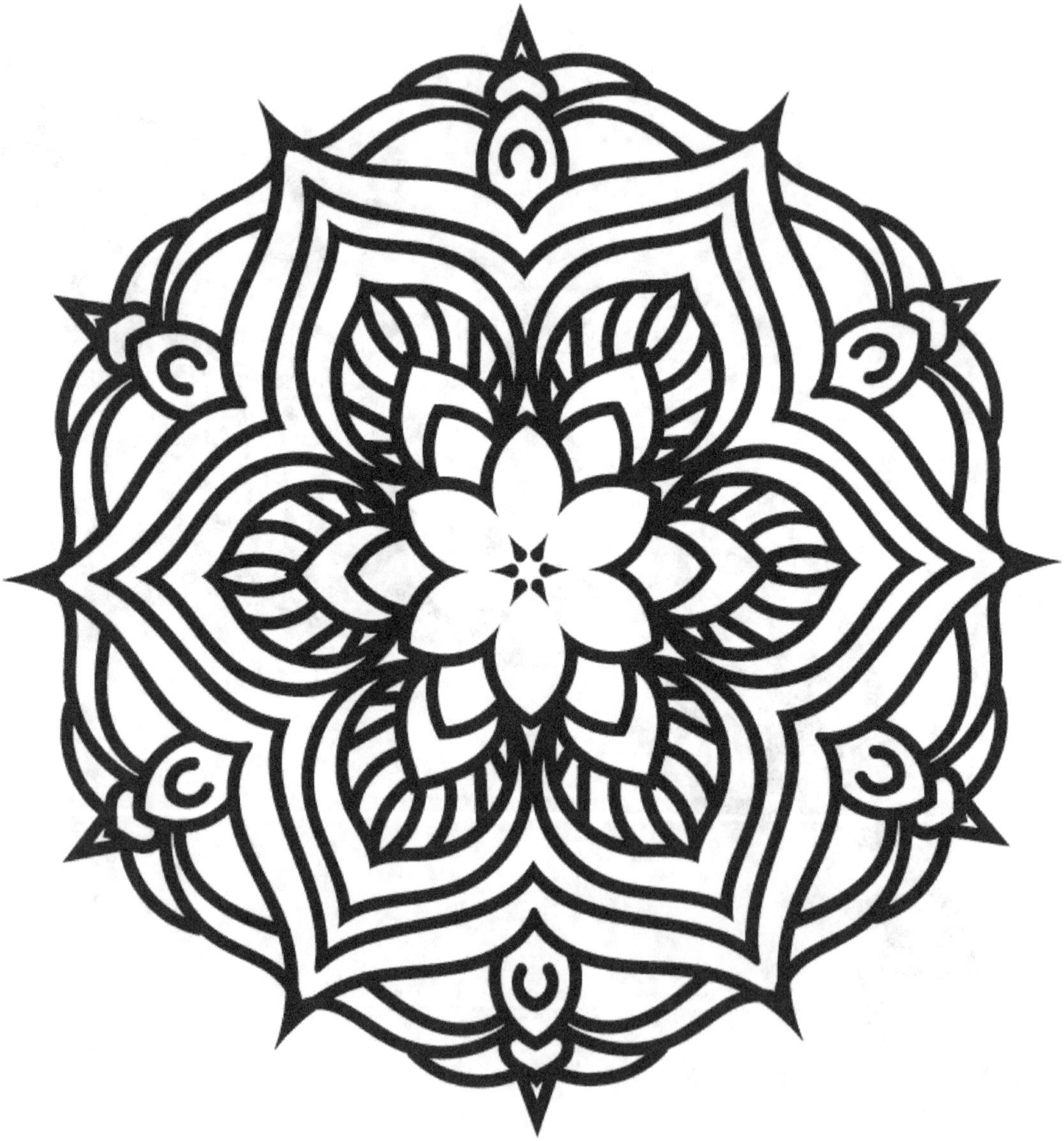

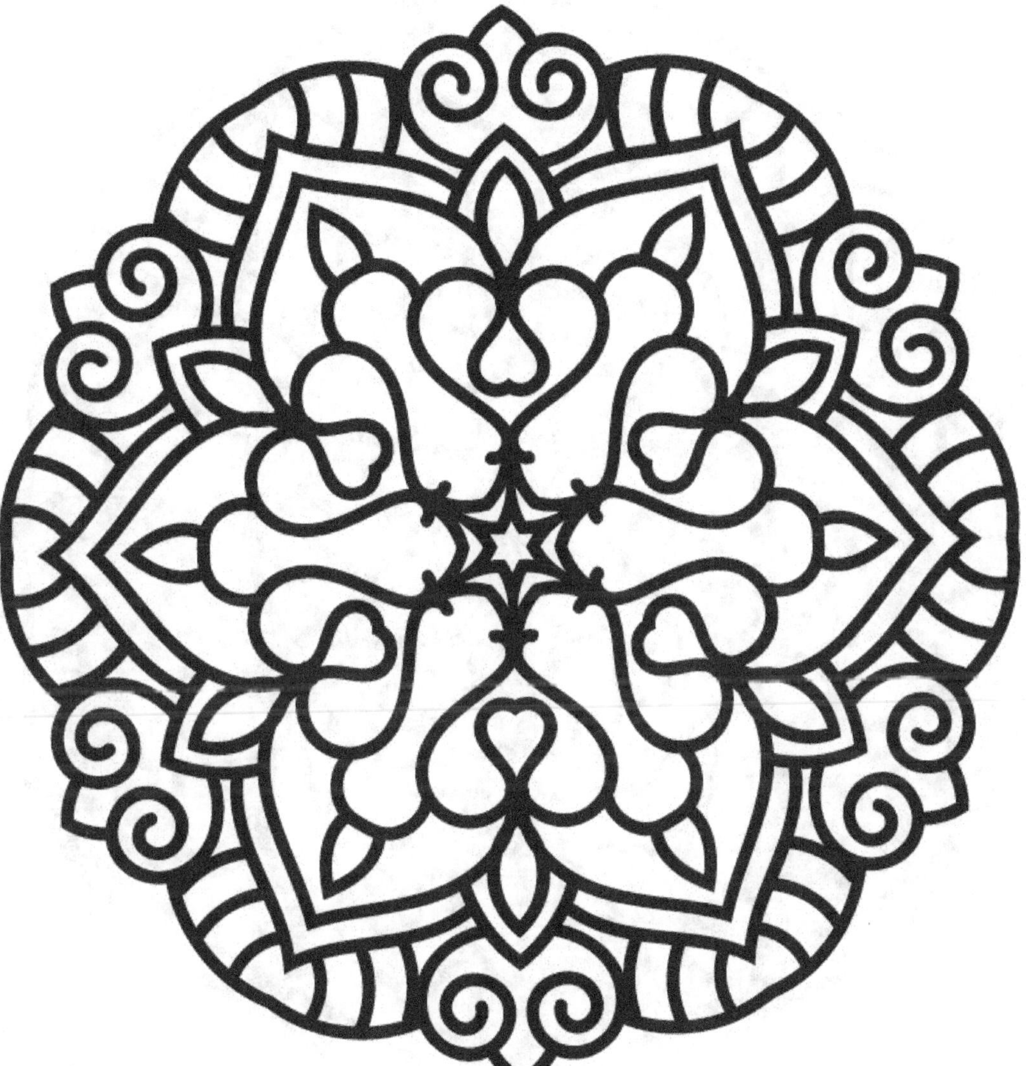

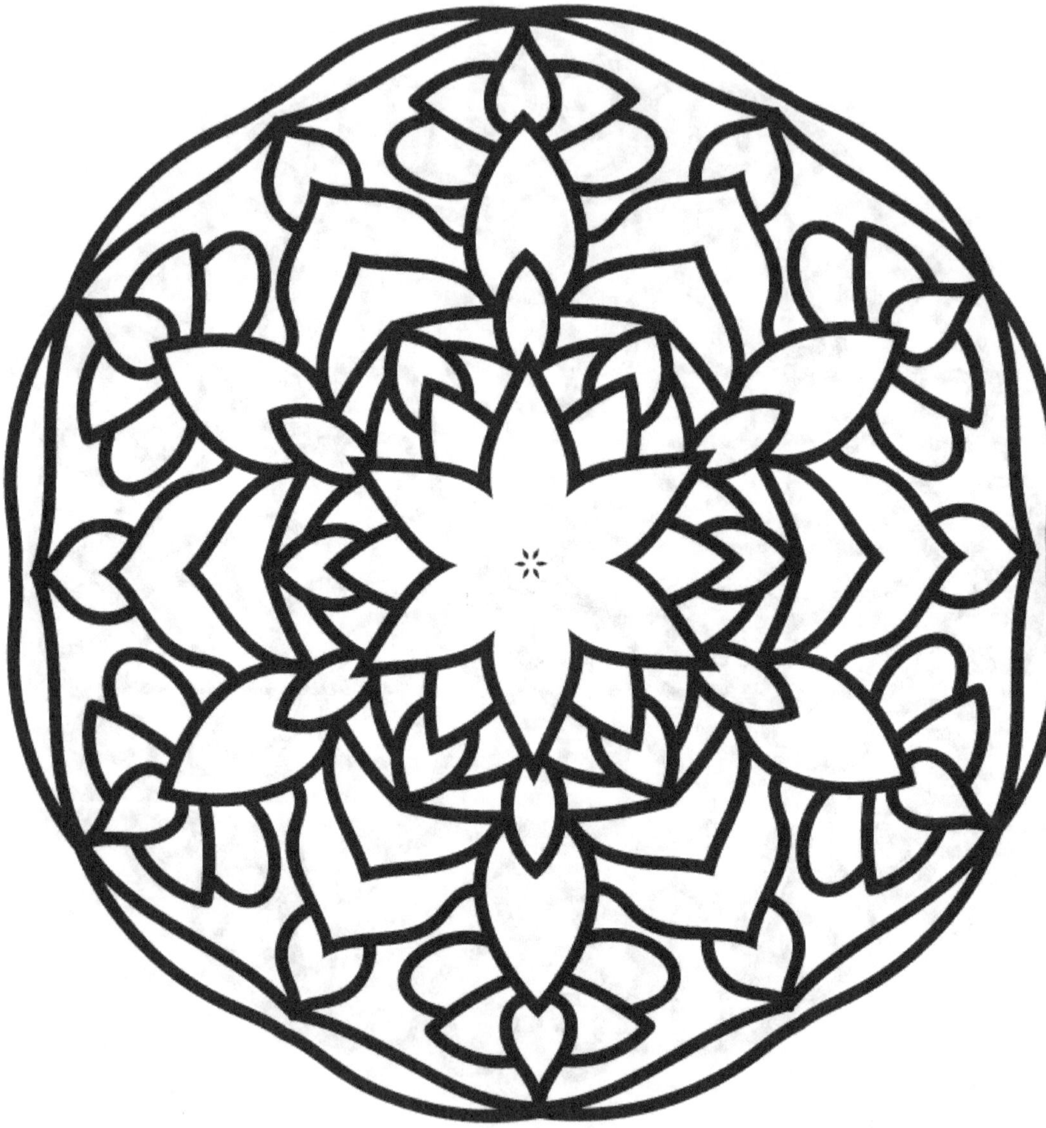

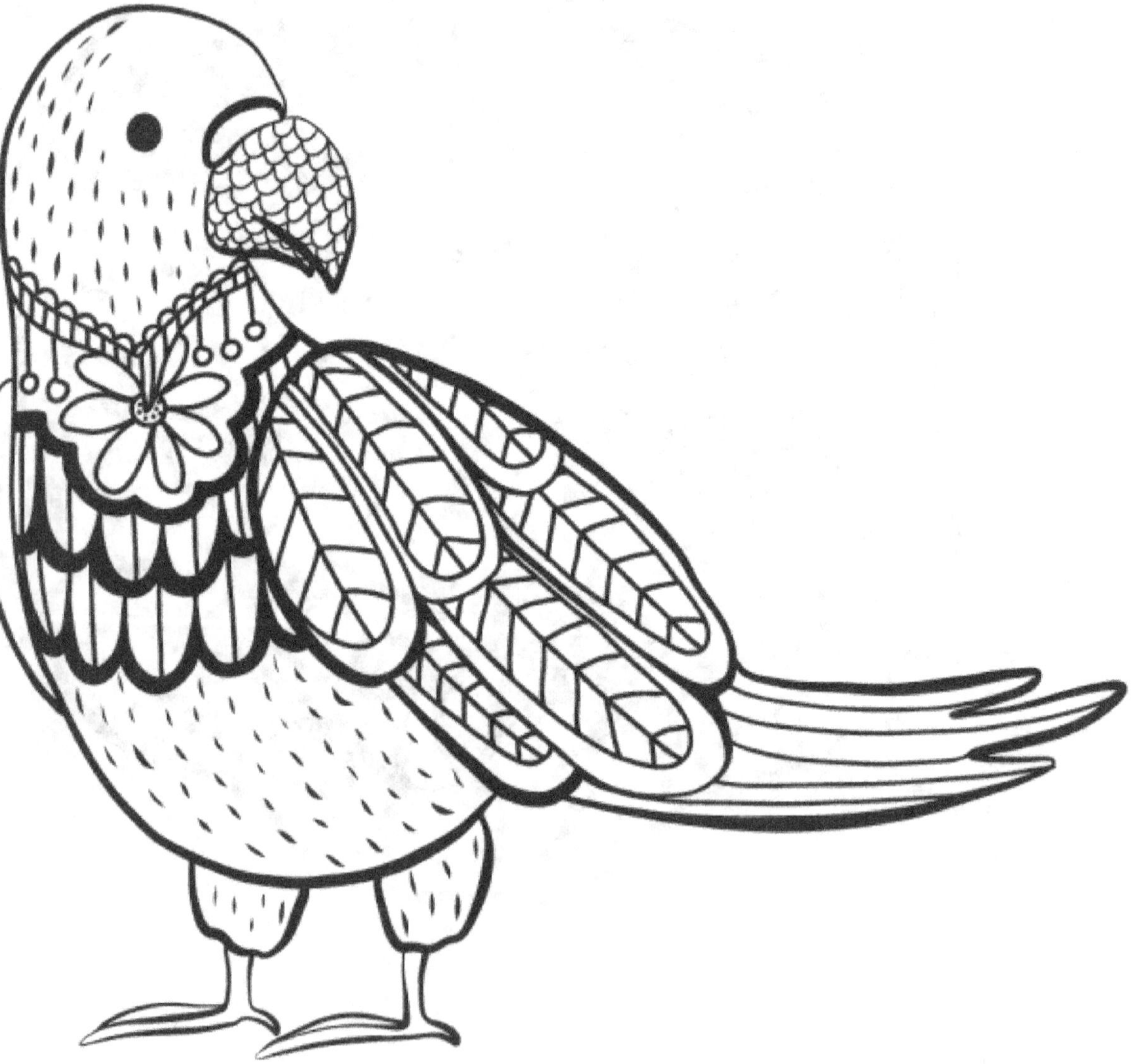

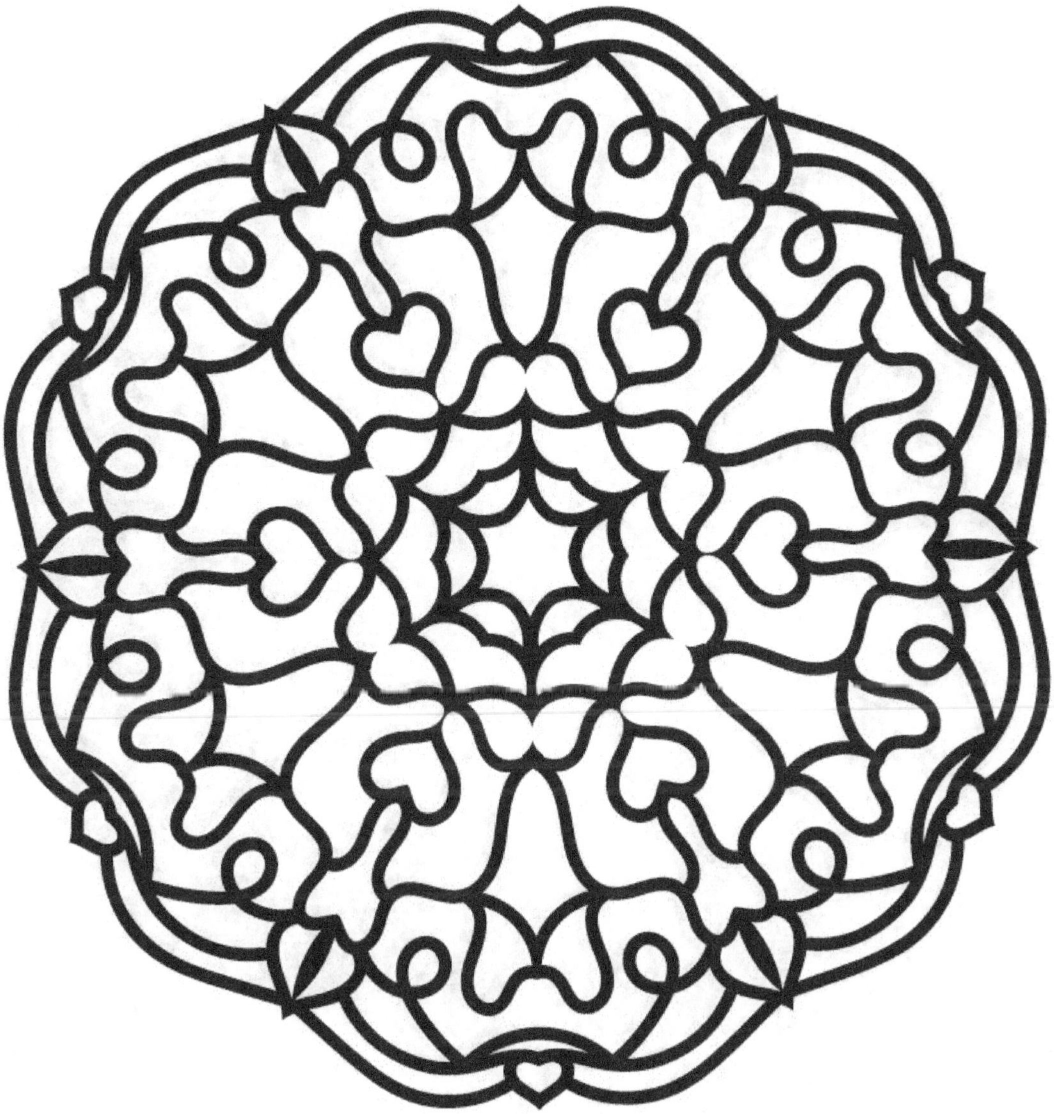

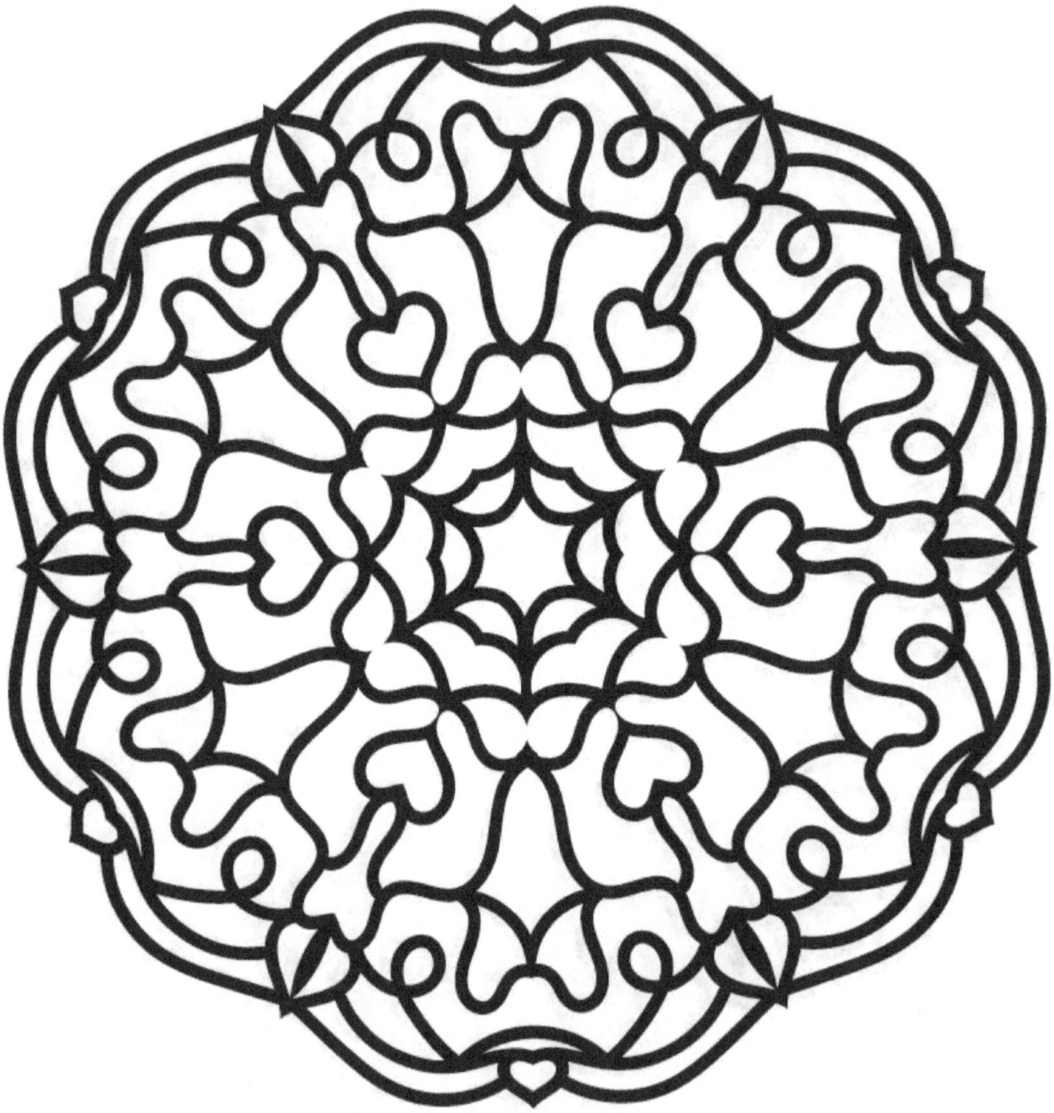

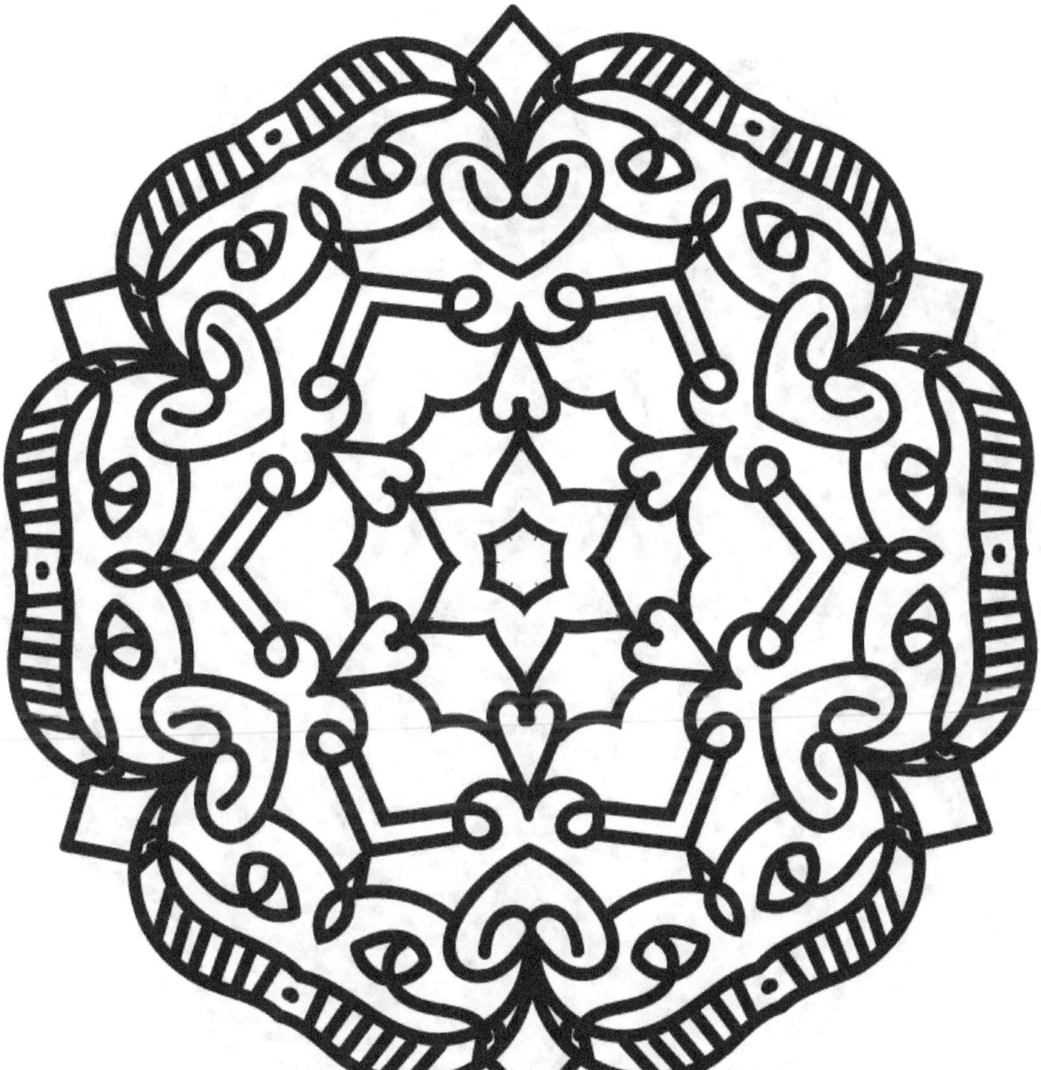

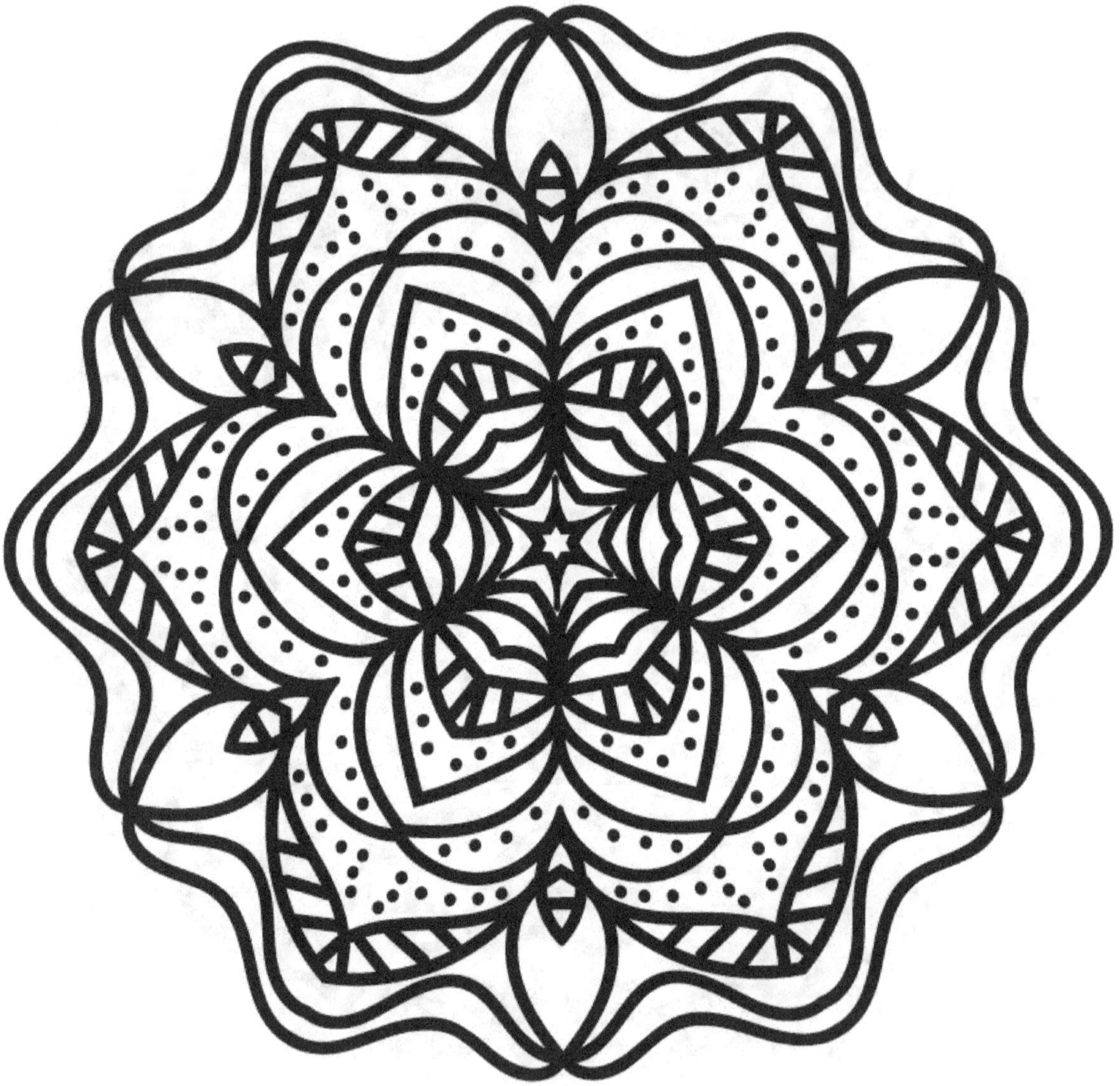

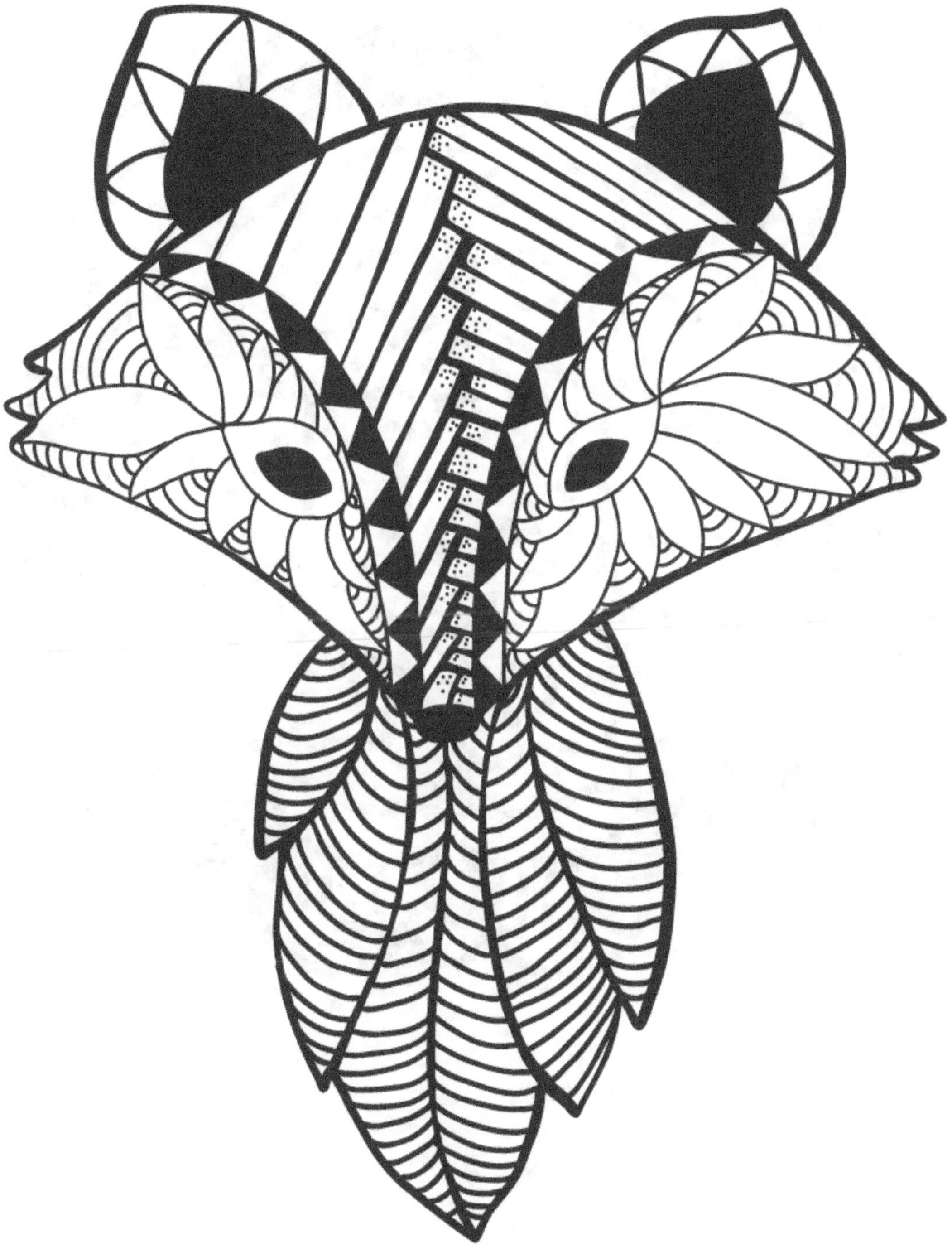

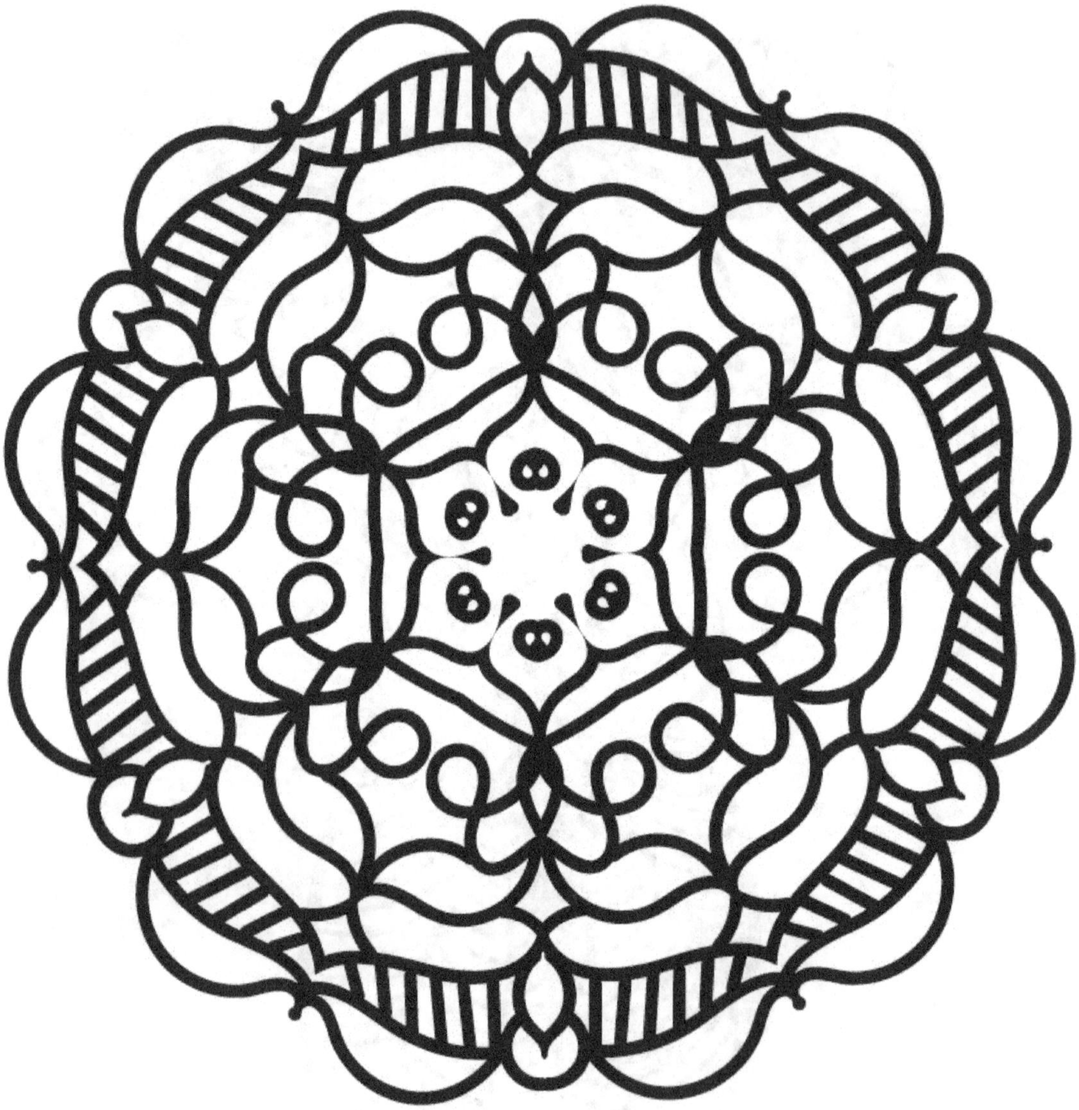

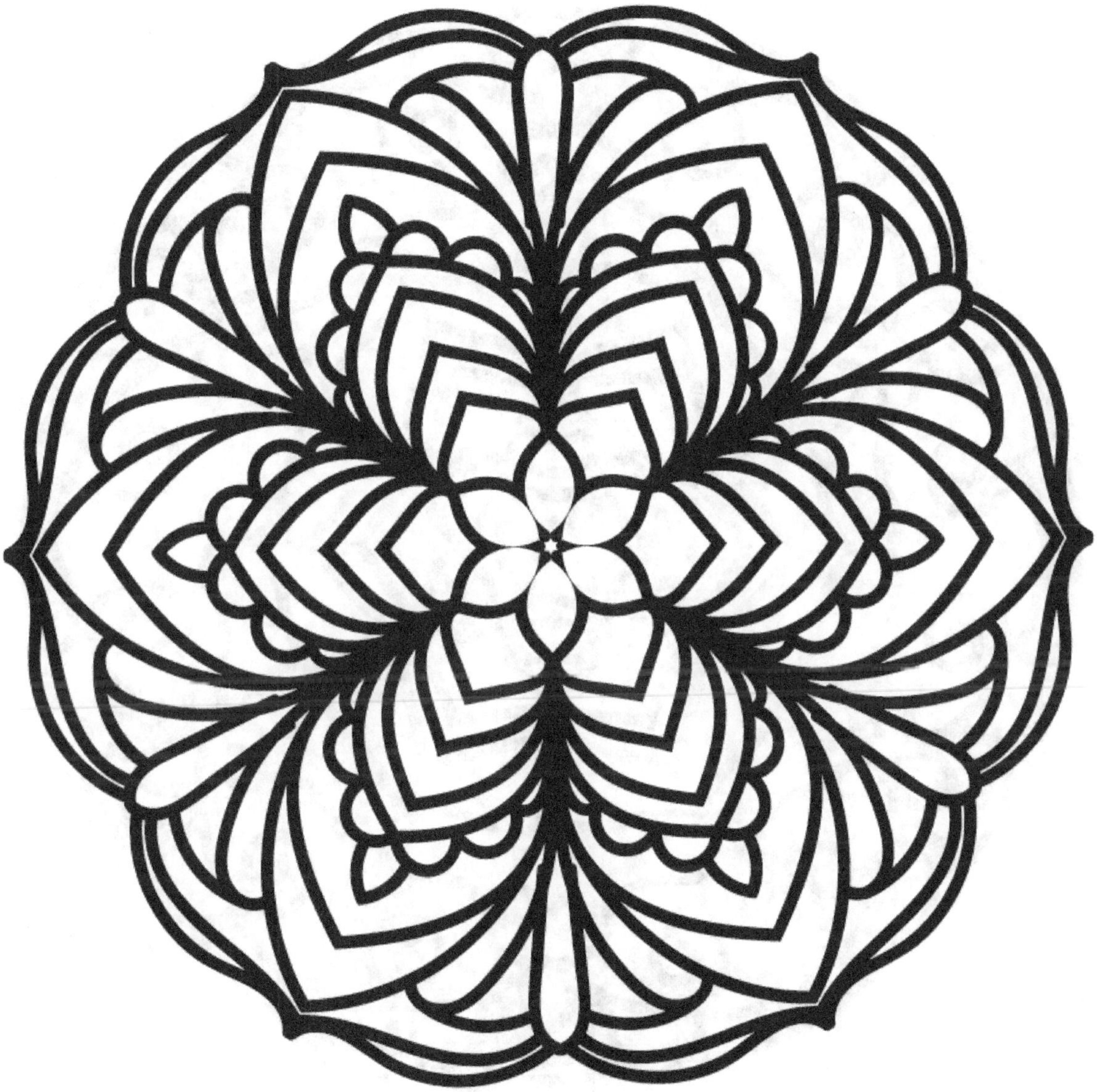

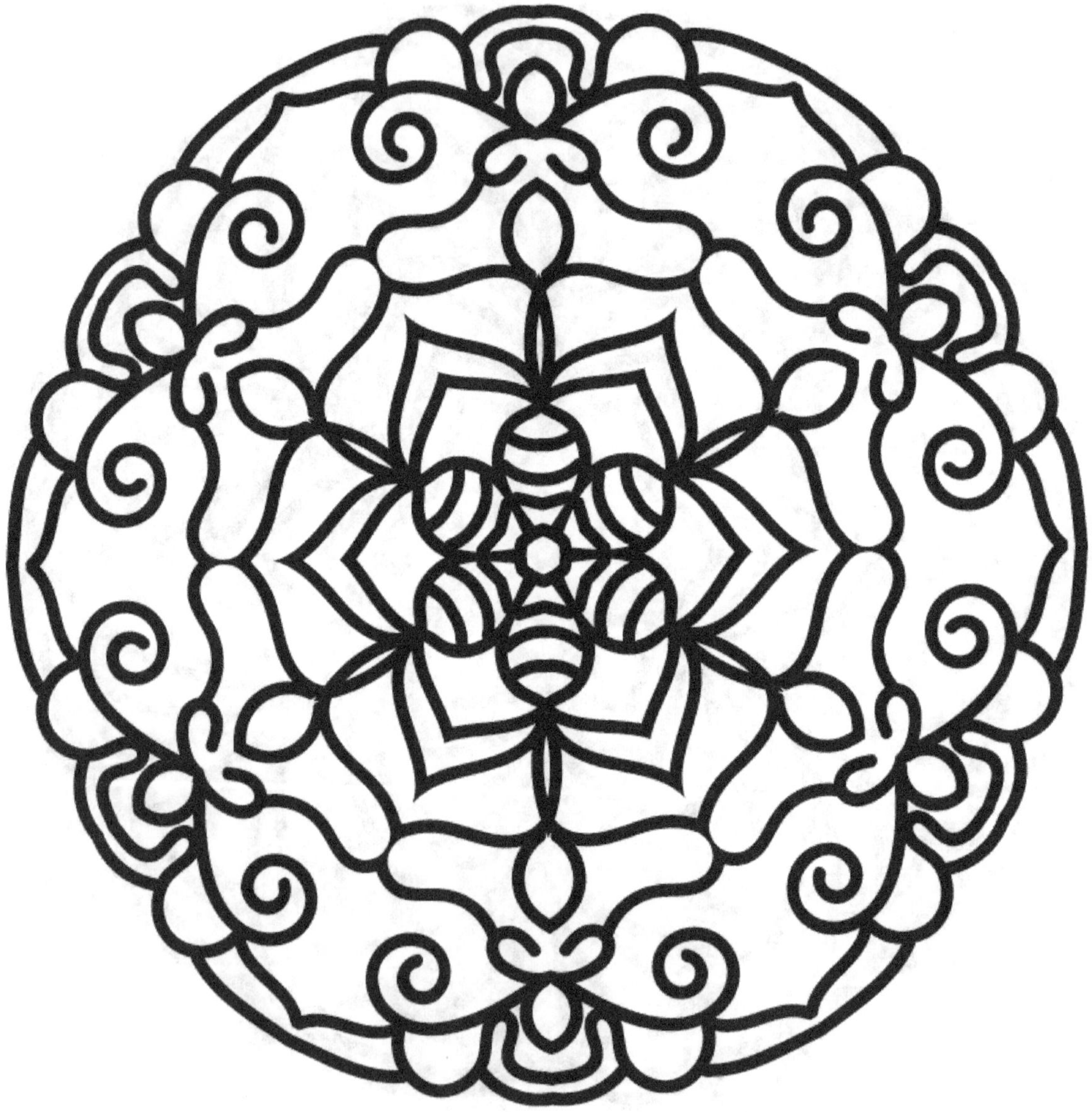

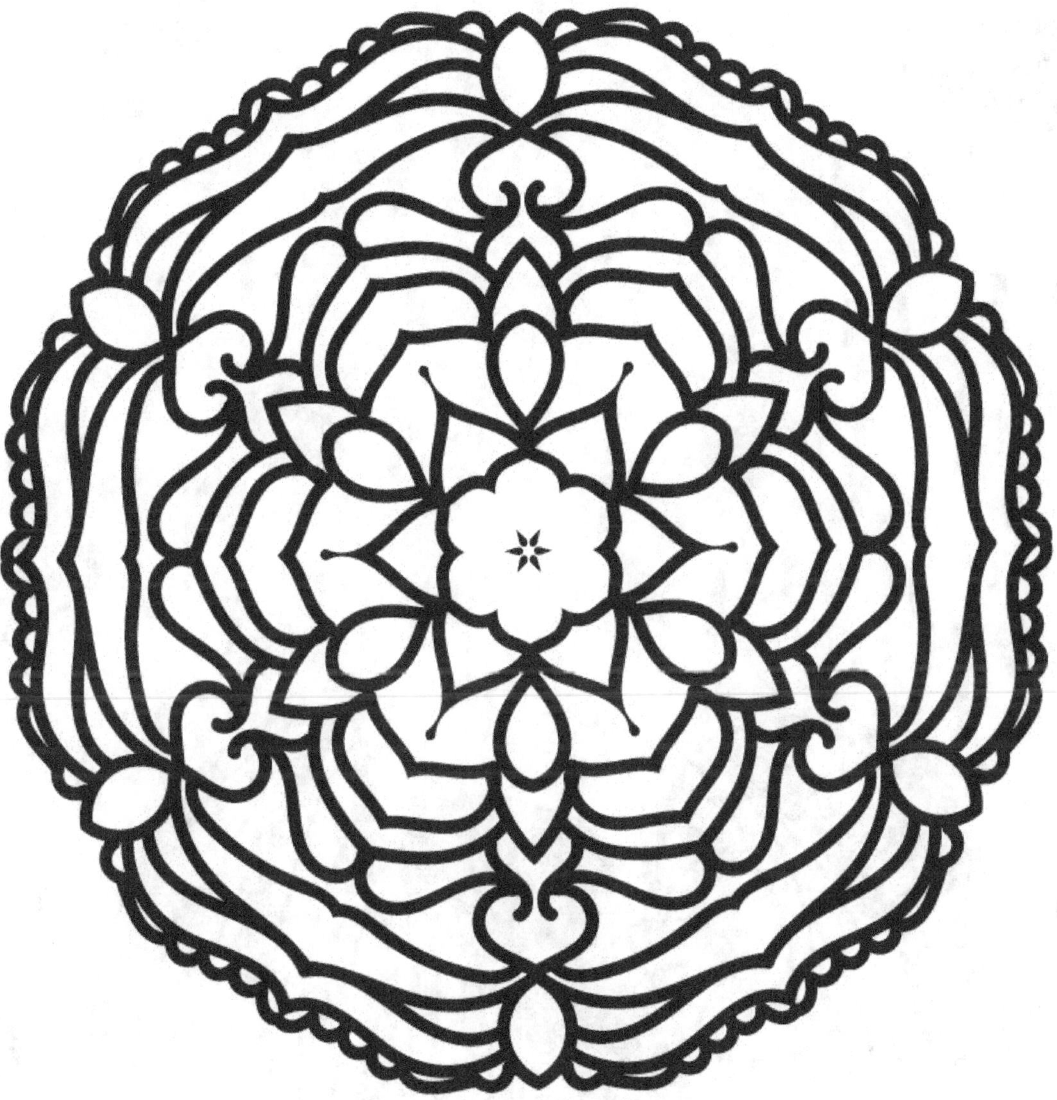

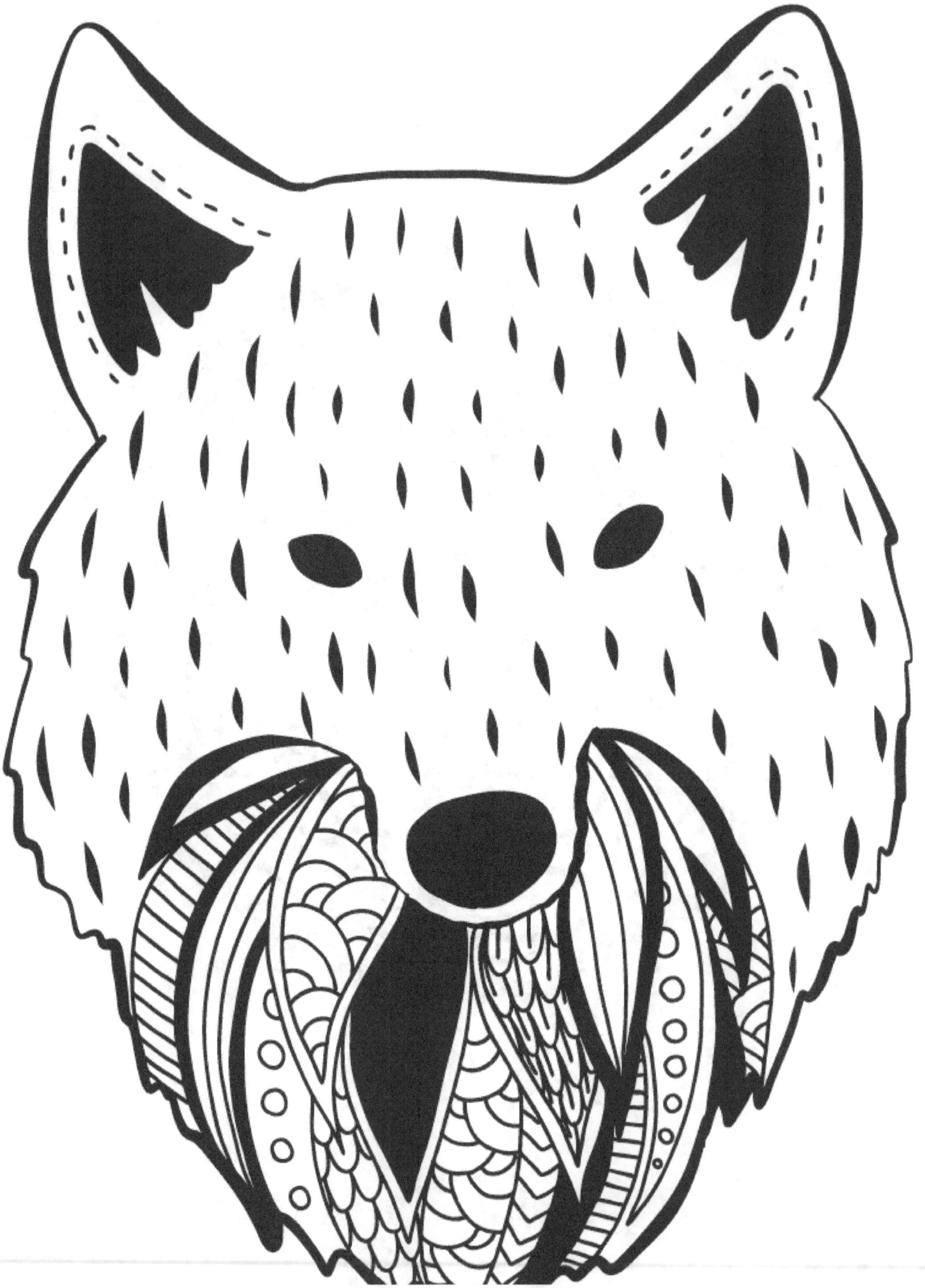

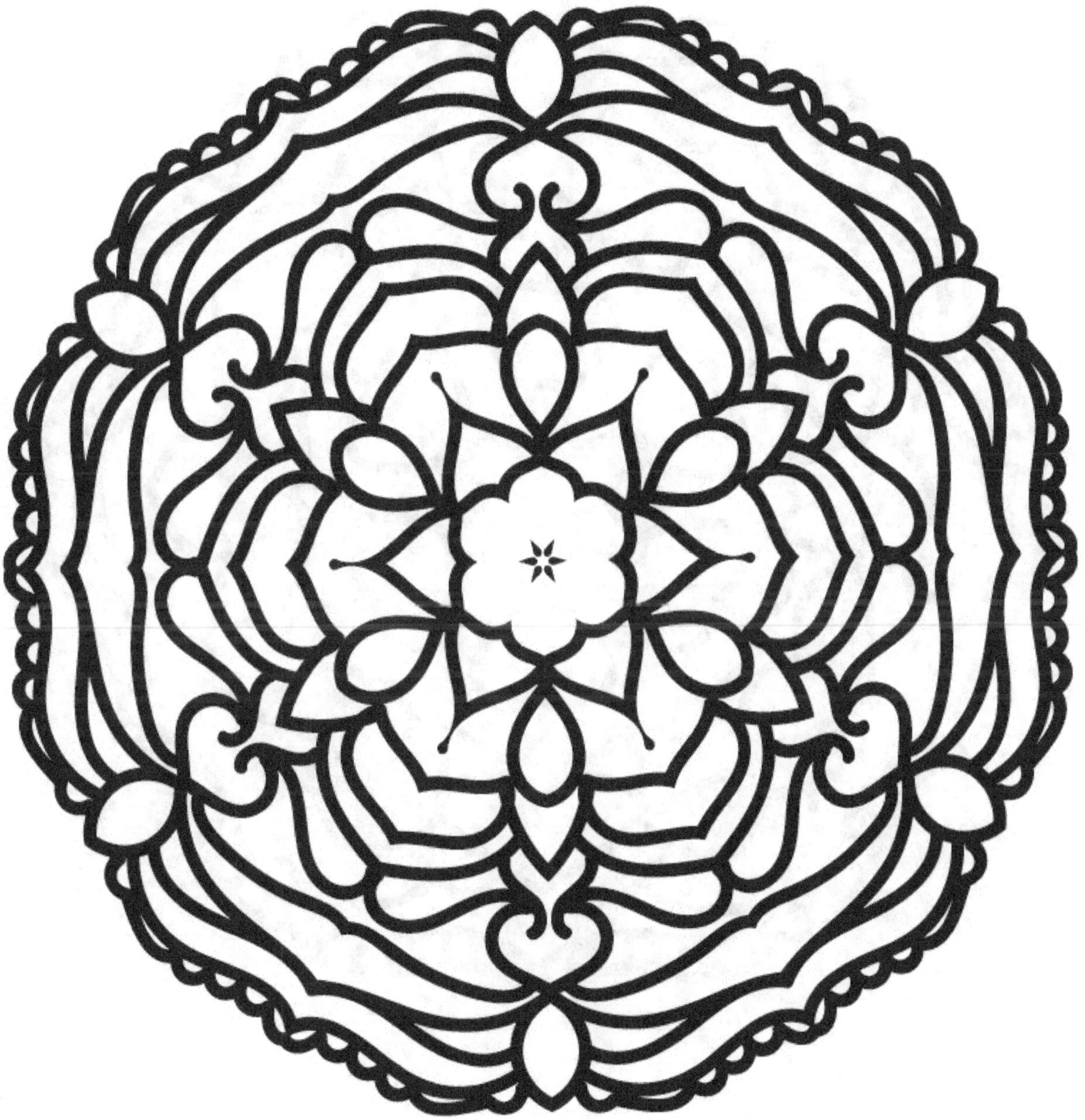

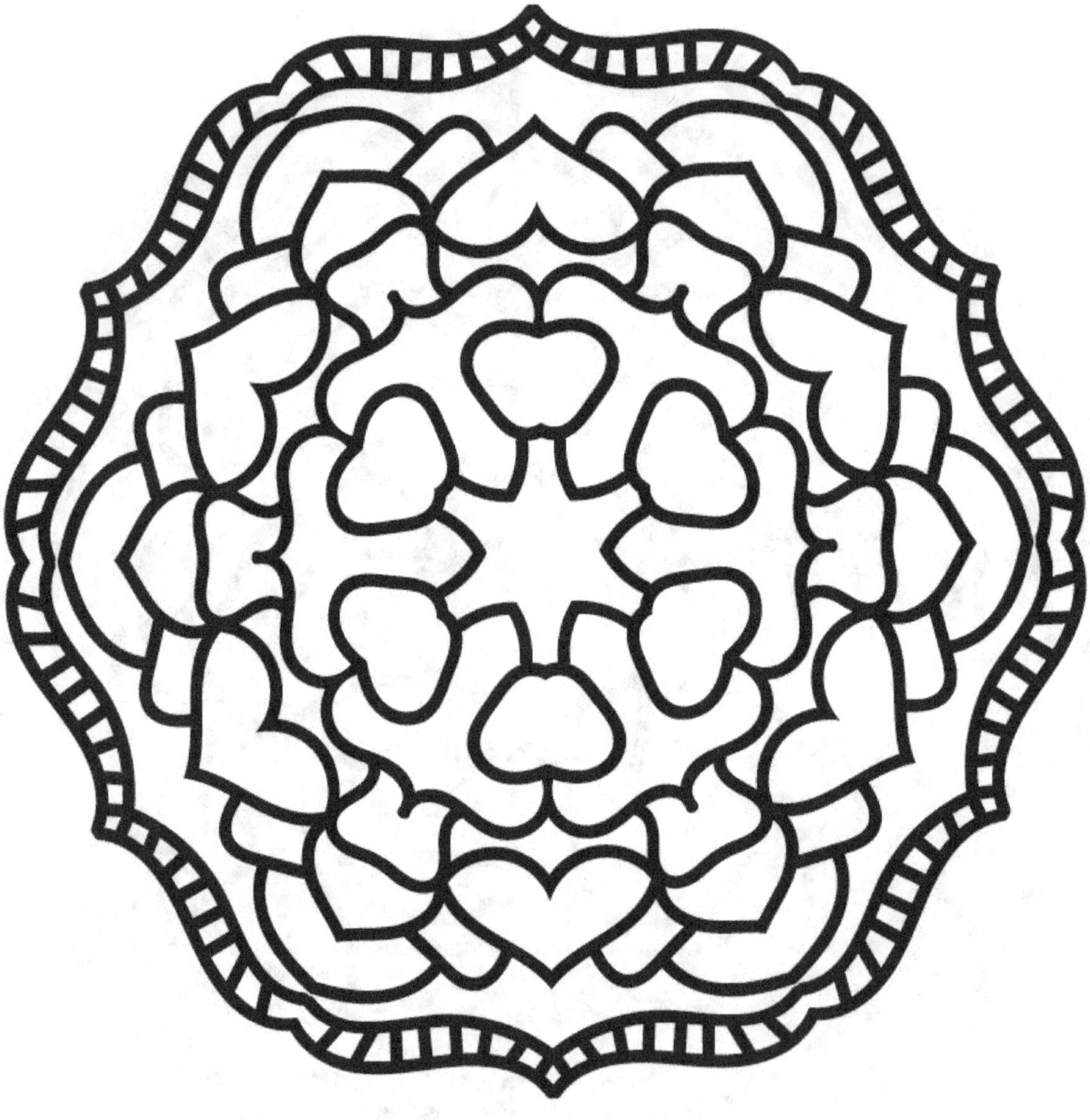

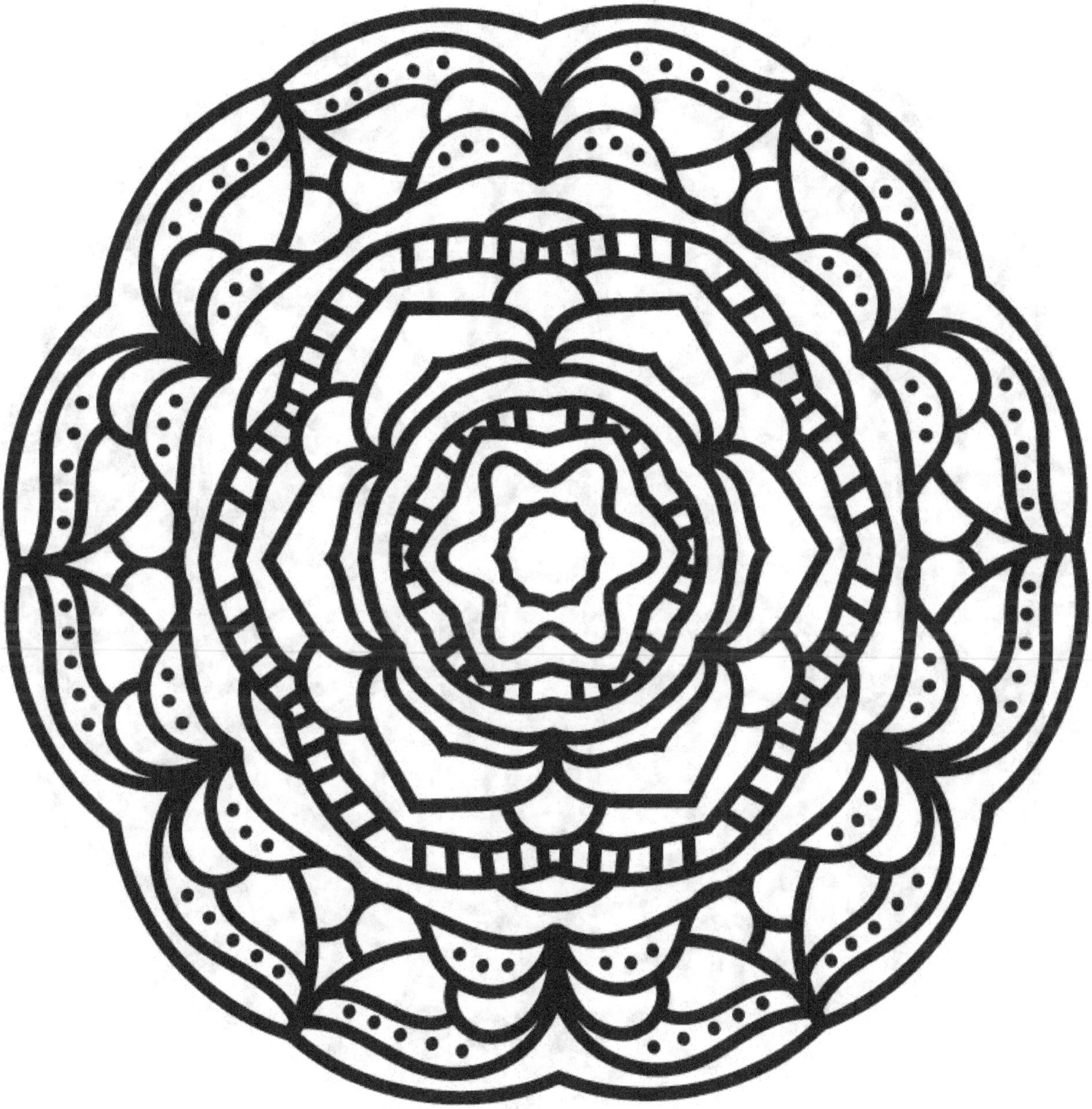

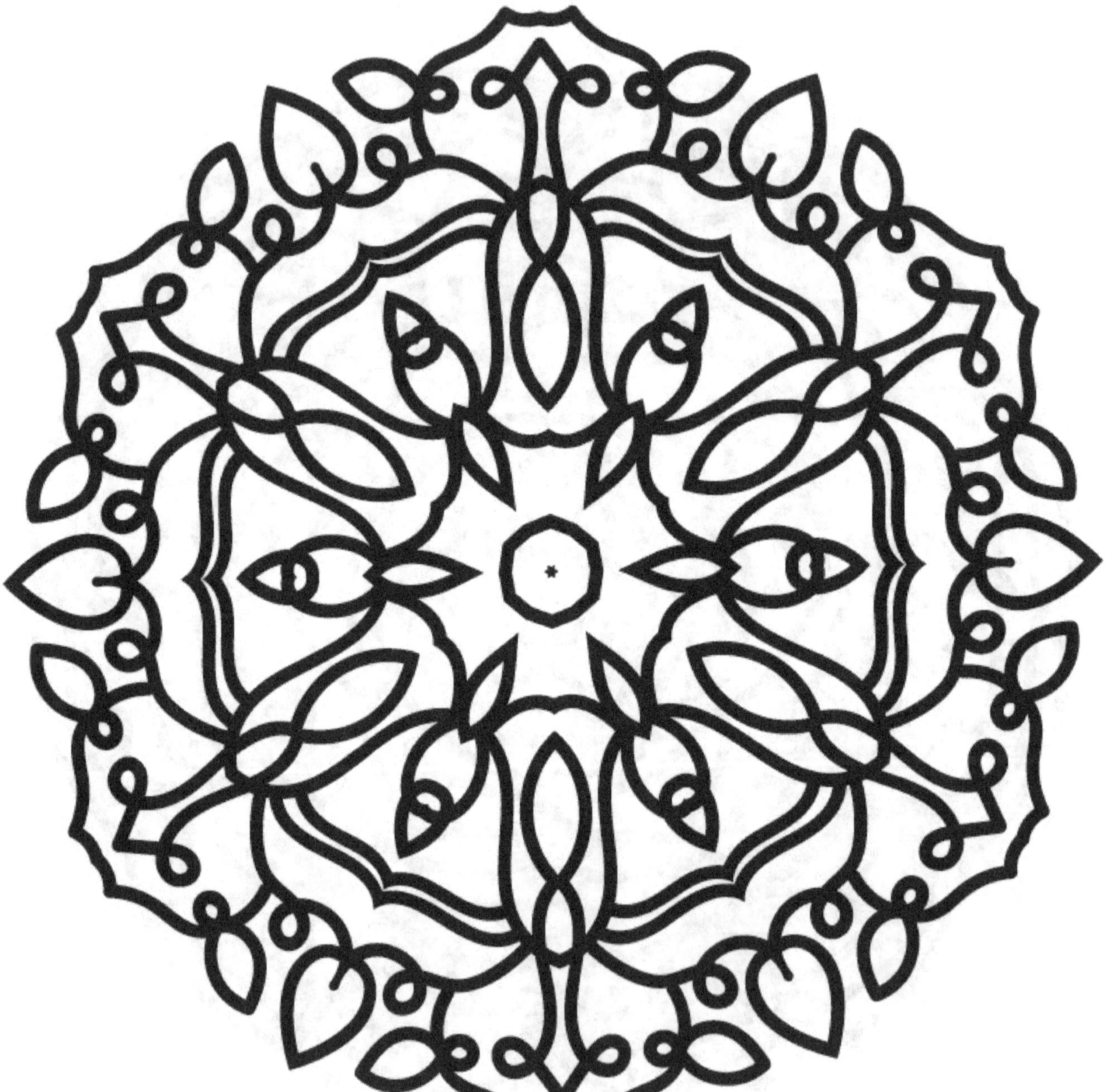

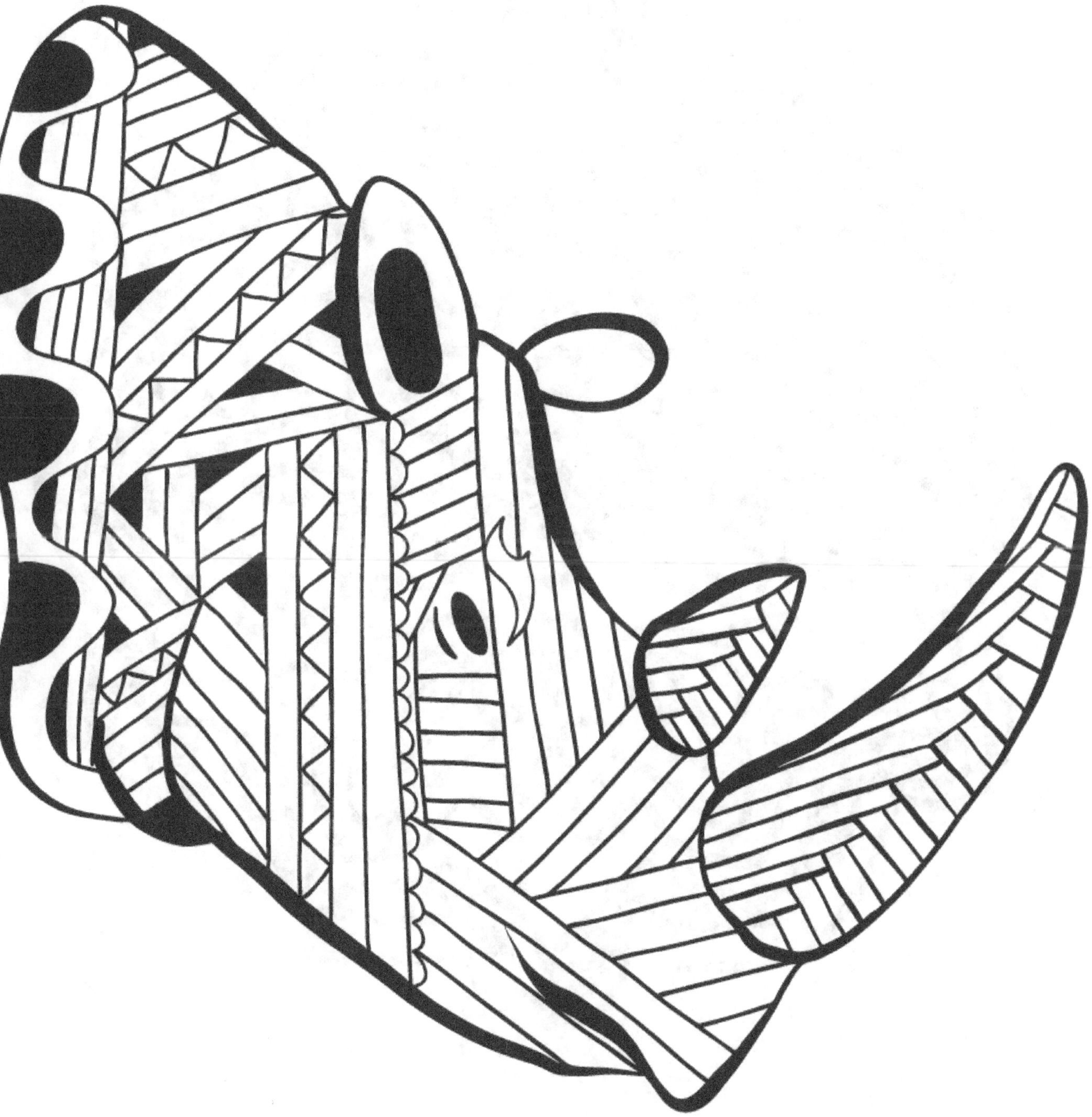

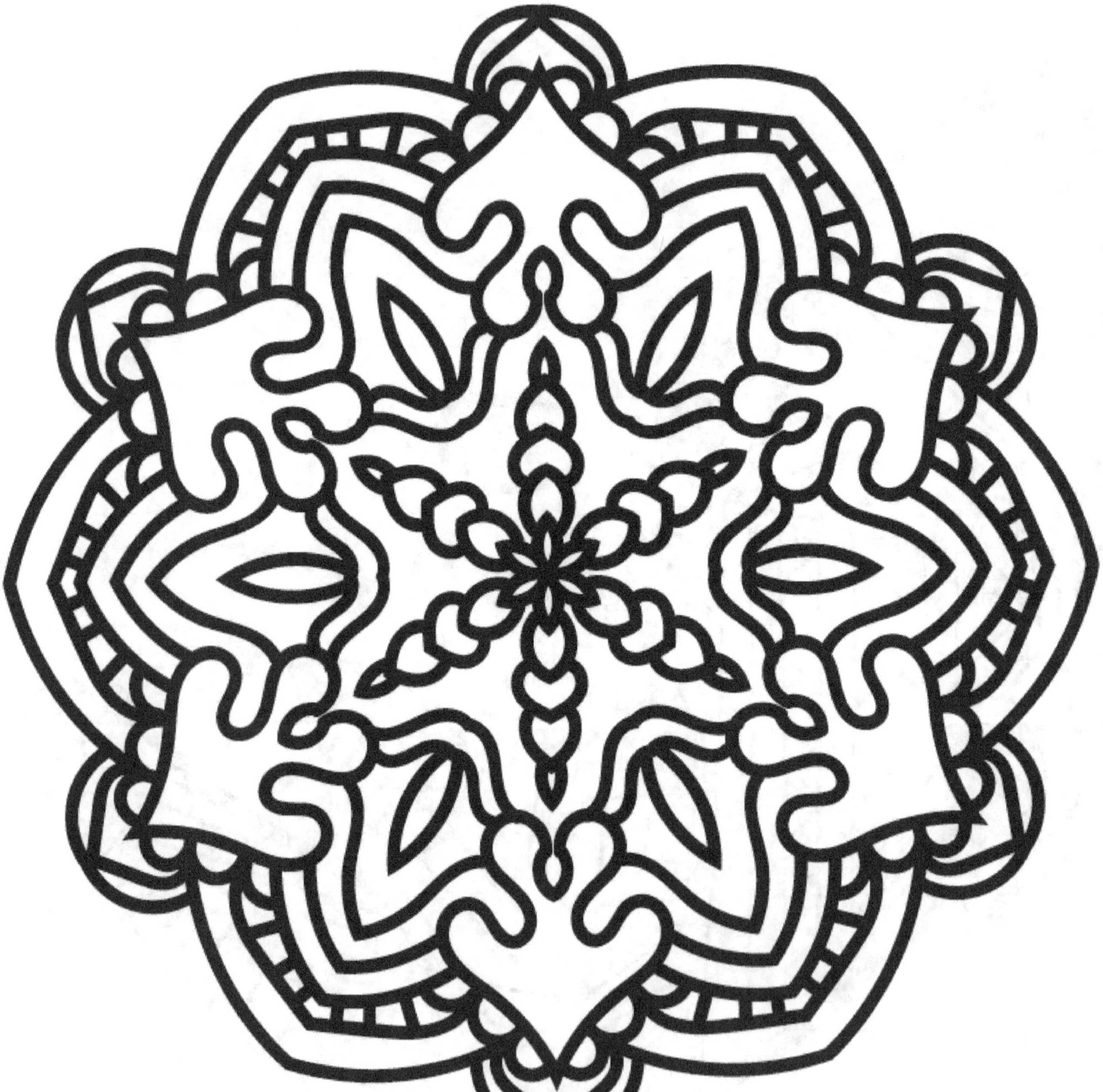

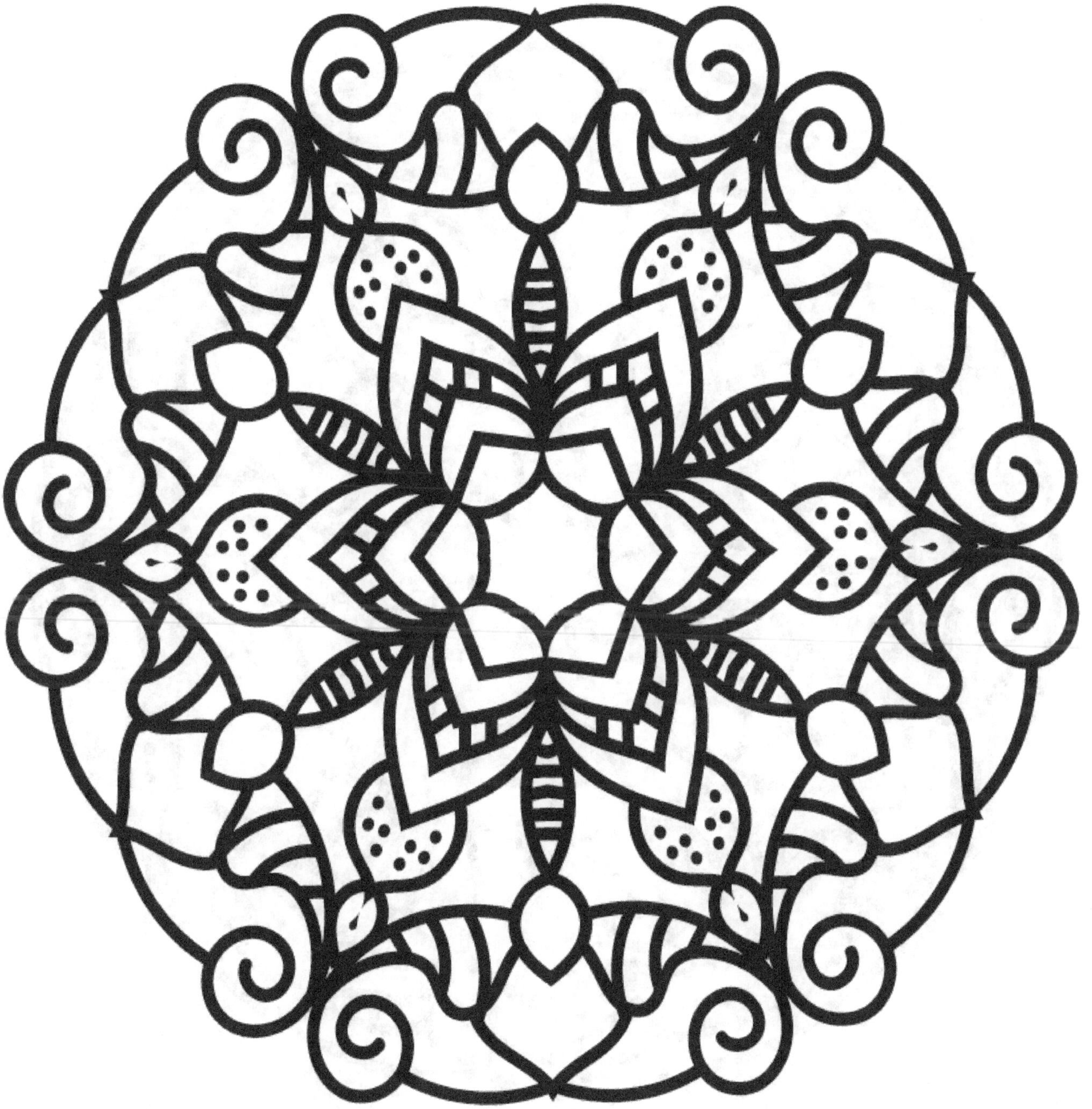

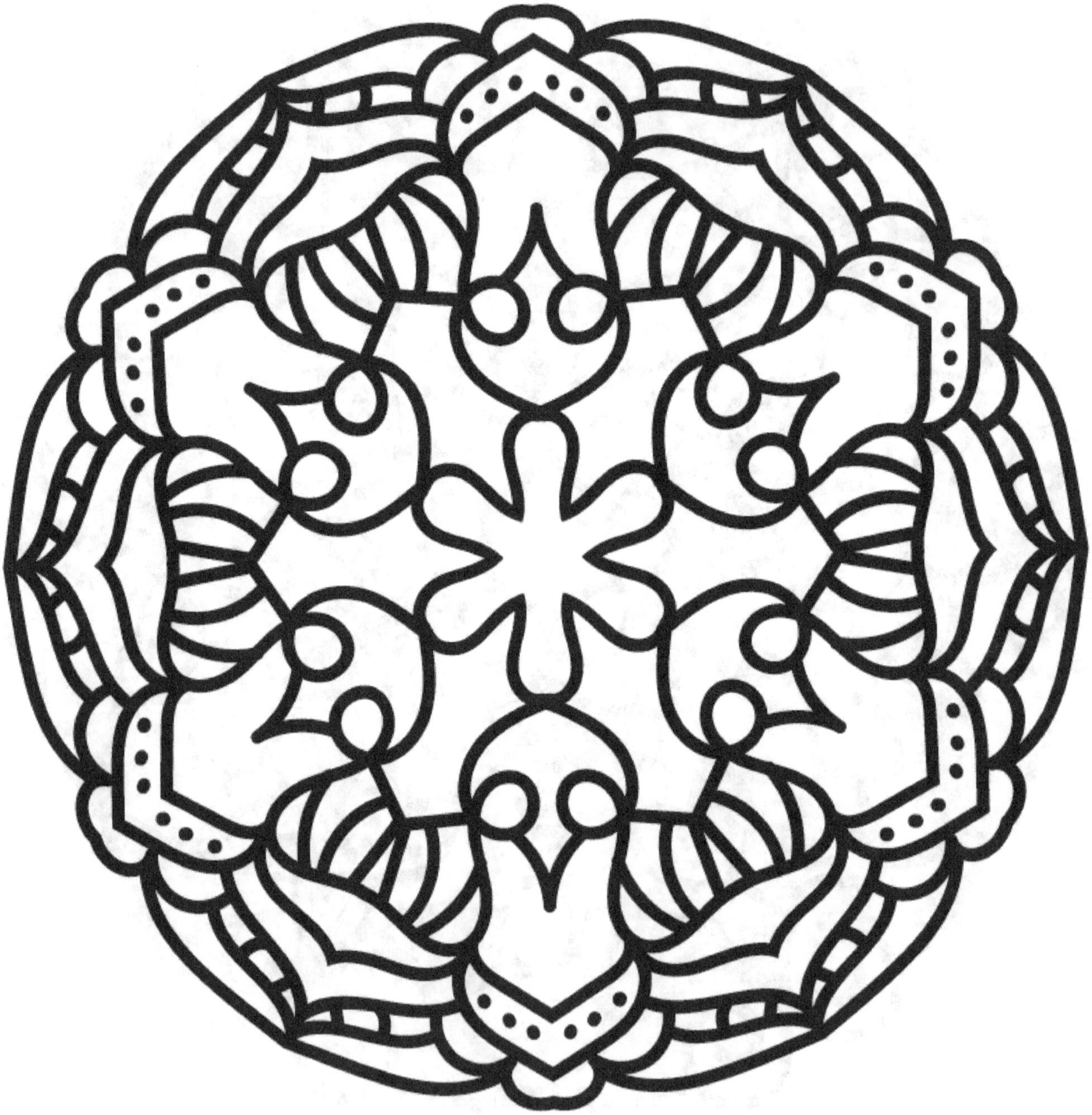

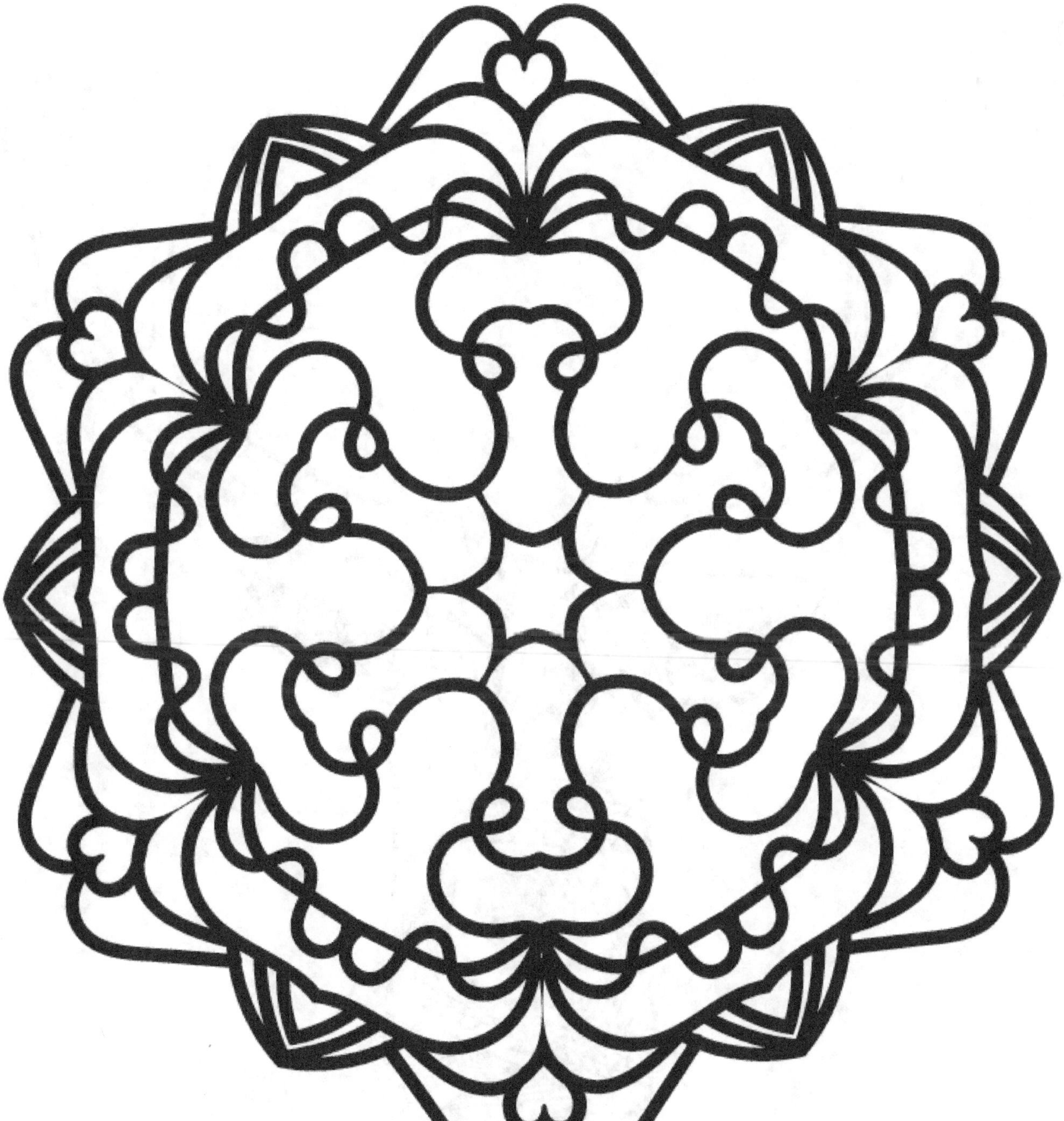

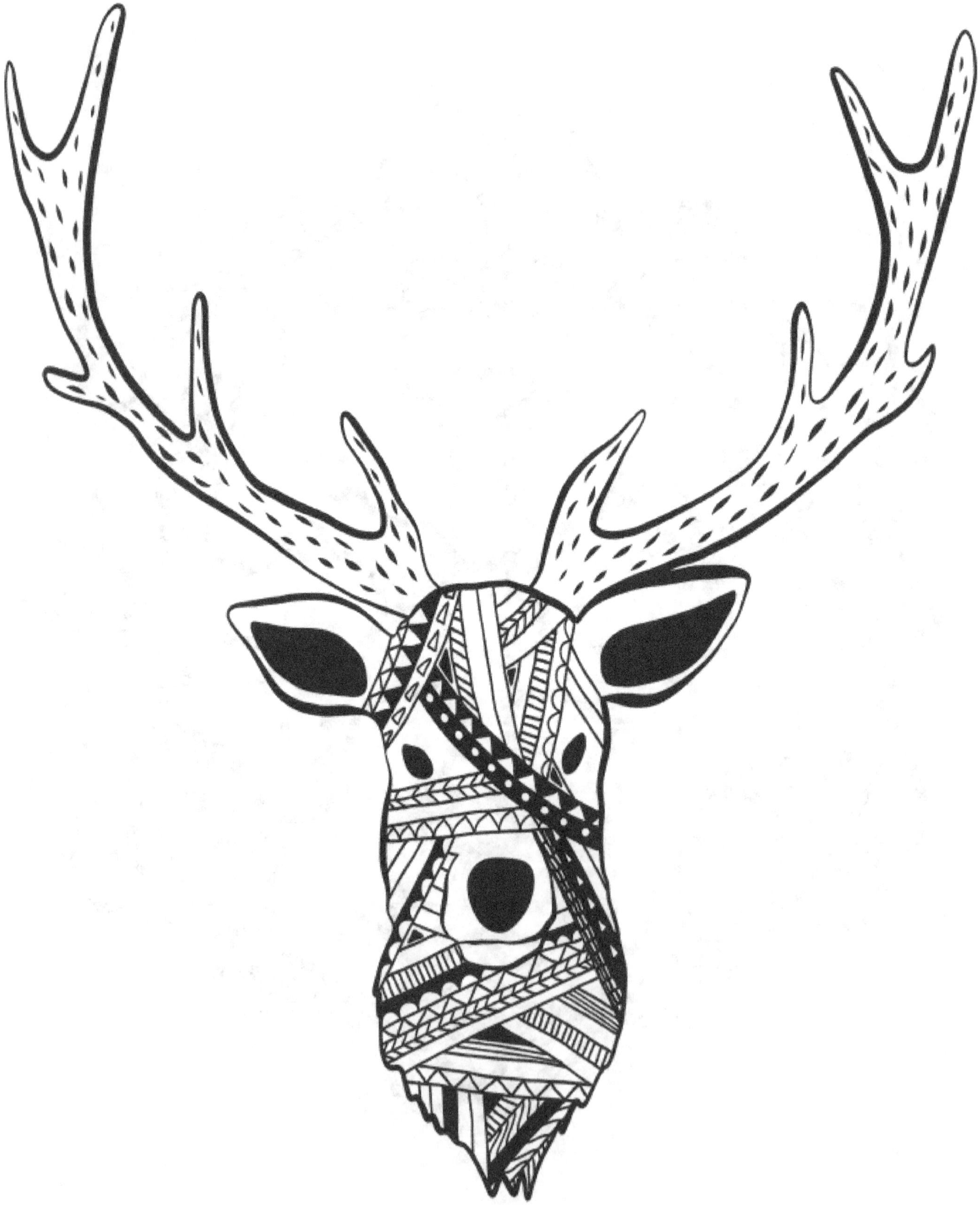

www.ingramcontent.com/pod-product-compliance
Lightning Source LLC
Chambersburg PA
CBHW081019170526
45158CB00010B/3107
* 9 7 8 1 0 7 0 5 2 3 7 2 9 *